David Bassom

Das große
Keanu Reeves
Album

Aus dem Englischen von Kerstin Winter

Danksagungen

Ich möchte folgenden Personen für ihre Hilfe und ihre Unterstützung danken: Julian Brown, Tessa, Michael und Danny O'Brien, David Richardson, Kathleen Cunningham, Sandra Elizabeth Kibbey und dem *Keanu Fan Network UK*, James Cameron-Wilson, Anwar Brett, Lawrence McIlhoney, Jerry Cheung, Michael Cracknell und, natürlich, Bridget Cunningham.

1234

Die Deutsche Bibliothek – CIP-Einheitsaufnahme

Bassom, David:
Das grosse Keanu-Reeves-Album / David Bassom. Aus dem Engl.
von Kerstin Winter. – 1. Aufl. – Köln : vgs, 1996
    Einheitssacht.: Keanu Reeves < dt. >
    ISBN 3-8025-2406-3

Erstveröffentlichung 1996 bei Hamlyn,
an imprint of Reed Consumer Books Limited, London.
Titel der englischen Originalausgabe:
Keanu Reeves – An Illustrated Story
Copyright © 1996 bei Reed International Books Limited

1. Auflage 1996
© der deutschsprachigen Ausgabe:
vgs verlagsgesellschaft, Köln
Lektorat und Redaktion: Birgit Schreiber
Umschlaggestaltung: Heike Unger Kommunikationsdesign, Köln
Satz: ICS Communikations-Service GmbH, Bergisch Gladbach
Druck: Mandarin Offset
Printed in Hong Kong
ISBN: 3-8025-2406-3

5 6 7 8 9

▶▶

KÜHLE BRISE
AUS BEIRUT

1

Kühle Brise aus Beirut

Oben: Hawaii, die Heimat von Keanu Reeves' Vater Samuel Nowlin. Der Name Keanu bedeutet auf hawaiianisch „Kühle Brise über den Bergen".

Oben rechts und rechte Seite: Ursprünglich wollte Keanu Erfinder oder Rennfahrer werden, doch dann entschied er sich zum Glück für die Schauspielerei.

Keanu Reeves tut nie das, was man von ihm erwartet!

Naive Unschuld, romantischer Herzensbrecher, Kultfigur der Schwulenszene, kühler Actionheld, Draufgänger, Sex-Symbol, vielversprechender Musiker, Sprachrohr einer ganzen Generation und Superstar wider Willen – Keanu Reeves verkörpert für jeden etwas anderes. Im Laufe seiner relativ kurzen Karriere hat Reeves sein weltweites Publikum mit einer Reihe ganz und gar unterschiedlicher Kino-, TV- und Bühnenrollen begeistert, während sein unkonventionelles, flippiges Privatleben für die Klatschpresse immer wieder ein gefundenes Fressen gewesen ist. Beruflich oder privat – an Keanu Reeves scheint nur eine Sache sicher zu sein: Er tut nie das, was man erwartet!

Obwohl Reeves ständig im Licht der Öffentlichkeit steht, versucht er, möglichst wenig von sich preiszugeben und sein Privatleben aus den Medien herauszuhalten, wodurch er förmlich zu einem wandelnden Mysterium geworden ist. Sein Leben ist durch Geheimnisse und Widersprüche gekennzeichnet und reizt zu Spekulationen. Da wäre zum Beispiel die Tatsache, daß der Schauspieler, seit er 1985 in Los Angeles eingetroffen ist, aus dem Koffer lebt, sich aber dennoch hartnäckig als extrem häuslich bezeichnet. Oder warum zieht ein Mann, der für einen Film satte sieben Millionen Dollar verlangen kann, riskante Low-Budget-Projekte vor und spielt in der noch relativ unbekannten Band Dogstar

Kühle Brise
aus Beirut

Rechts: November 1995: Keanu Reeves bei einem Auftritt mit seiner Band Dogstar in Melbourne. Das Baßspielen hat er sich selbst beigebracht.

Unten: Als Schüler war Keanu der Schrecken der Lehrer.

Baß – für Freibier? Wie kommt es, daß viele renommierte Regisseure wie Francis Ford Coppola, Bernardo Bertolucci, Kenneth Branagh, Lawrence Kasdan oder Ron Howard ausgerechnet ihn für ihre Produktionen haben wollen, obwohl er jedesmal aufs neue von der Kritik verrissen wird? Und was ist mit den vielen Affären mit Vertretern beiderlei Geschlechts, die dem Schauspieler unentwegt angedichtet werden . . .? Die Liste der Eigenarten ist endlos.

Reeves wird fast immer als das lebende Äquivalent des gutmütigen, vertrottelten Ted „Theodore" Logan bezeichnet, der Provinzteenie, den der Schauspieler in dem Kultfilm *Bill und Teds verrückte Reise durch die Zeit (Bill and Ted's Excellent Adventure)* und dessen Fortsetzung *Bill und Teds verrückte Reise in die Zukunft (Bill and Ted's Bogus Journey)* so brillant verkörperte. Gewöhnlich spricht er in abgehackten Sätzen und wirft mit Modewörtern um sich; und es kommt nicht selten vor, daß er seiner Begeisterung über irgend etwas per Show-Einlage auf der Luftgitarre Ausdruck verleiht. Stets freundlich und beschei-

den, besitzt er einen angenehmen Sinn für Humor, eine gesunde Blindheit für die Fallen der Starexistenz und die unprätentiöse Angewohnheit, sein Licht unter den Scheffel zu stellen.

Blickt man hinter diese äußerlich sichtbaren Merkmale, entdeckt man Keanus Drang und seine Entschlossenheit, sein Talent weiterzuentwickeln und sich nicht in eine Schublade stecken zu lassen. Seine Professionalität, seine Fähigkeit zur Begeisterung, sein Wunsch zu gefallen und die totale Hingabe an seine Arbeit haben die meisten Schauspieler und Regisseure, mit denen er bislang gearbeitet hat, beeindruckt. Ob meisterhaftes Geschick oder purer Zufall: Reeves ist es durch die Vielfalt und Gegensätzlichkeit seiner Rollen und Projekte immer wieder gelungen, sein Image in der Öffentlichkeit neu zu definieren.

So außergewöhnlich seine Karriere, so exotisch auch seine Kindheit. Am 2. September 1964 kam er in Beirut, Libanon, zur Welt. Seine Eltern, Samuel Nowlin Reeves, ein hawaiianisch-chinesischer Geologe, und Patricia Taylor, Engländerin, Ex-Showgirl und Kostümdesignerin, nannten ihn nach einem Urgroßonkel Keanu (sprich: *kie-a-nu)*, was soviel wie „Kühle Brise über den Bergen" bedeutet. Reeves hat noch zwei jüngere Schwestern, Kim und Karina.

Kurz nach Keanus Geburt siedelte die Familie nach Australien über und lebte dort, bis sich Samuel und Patricia 1966 zur Trennung entschlossen. Patricia zog mit den Kindern zur Upper West Side in New York, wo sie bald ihren zweiten Mann, den Film- und Theaterregisseur Paul Aaron, kennenlernte. 1970 verbrachte die neue Familie eine kurze Zeit in Australien, bevor sie sich schließlich in Toronto, Kanada, niederließ. Obwohl sich Patricia und Aaron schon nach einem Jahr trennten, nahmen die Kinder die kanadische Staatsbürgerschaft an und wuchsen in Toronto auf. Samuel Reeves war inzwischen nach Hawaii zurückgekehrt, wo ihn sein Sohn gelegentlich in den Schulferien besuchte. Keanu war dreizehn, als er seinen Vater zum letzten Mal sah.

Laut Reeves' Aussage war seine Mutter immer „ihrer Zeit voraus". Sie brachte ihren Kindern schon früh Kultur und Kunst nah und ermunterte sie vor allem dazu, ihren Eingebungen zu folgen.

Obwohl die Familie häufig umzog und Keanu praktisch jedes Jahr die Schule wechseln mußte, betont der Schauspieler immer wieder, daß er eine normale und schöne Kindheit hatte.

„Wenn ich sehe, wie es in L. A. abgeht, dann begreife ich immer wieder, wie behütet und sicher ich aufgewachsen bin", äußerte sich Reeves gegenüber der Illustrierten *Interview*. „Wir haben uns noch Go-Karts gebaut, die Fireball 500 hießen."

Im Alter von sechs bekam Reeves einen ersten Vorgeschmack auf das, was ihm die Zukunft bieten sollte: Er wurde von dem Profi-Fotografen Richard Avedon abgelichtet – Keanus Einstieg in seine spätere Karriere als beliebtes männliches Pin-up.

Reeves macht keinen Hehl daraus, daß er in der Schule keine besondere Leuchte war: „Ich hab's sogar in Sport vermasselt." Während er bei seinen Klassenkameraden beliebt war, sahen ihn die Lehrer in erster Linie als hyperaktiven Schüler, der den Unterricht störte. Zum Glück bot die Schule ihm die Möglichkeit, seiner Liebe zum Eishockey zu frönen, so daß er in seinem Jahr auf dem De La Salle-College bald den Titel „Bester Spieler des Teams" erhielt.

Keanus Mutter war eine erfolgreiche Modedesignerin, die auch für zahlreiche Berühmtheiten arbeitete, von denen viele – zum Beispiel Dolly Parton oder David Bowie – in ihrem Haus ein- und ausgingen. Das brachte Reeves natürlich schon früh in Kontakt mit der Welt der Stars und prägte seine Vorstellung, was man sich als Star erlauben kann und was nicht.

„Manchmal kamen tolle Leute bei uns vorbei", erzählte er dem *U.S.*-Magazin. „Zum Beispiel Alice Cooper. Ich weiß noch, daß er künstliche Kotze und Plastik-Hundehaufen mitbrachte, um dem Hausmädchen einen Schock zu versetzen. Er hat's echt drauf, ein irrer Typ."

Da er ständig von Rockstars umgeben war, entwickelte Reeves sich schon als Teenie zu einem wahren Konzertfan. Zu seinen Lieblingsbands und -künstlern gehörten Husker Du, Joy Division, The Ramones, The Pixies, Exploited, G.B.H., The Butthole Surfers, Fugazi, The Velvet Underground, Wire, Sham 69, Discharge, Agent Orange, Big Black, The Clash und Emmylou Harris.

Seinen ersten Auftritt als Schauspieler hatte Keanu bei einer Highschool-Produktion von *Hexenjagd (The Crucible)*. Schon zu dieser Zeit war er offenbar ein Mädchenschwarm: Als er den Satz „Was bin ich?" rezitierte, hörte seine Mutter ein Mädchen im Publikum rufen: „Sexy!"

Einen ähnlich starken Eindruck hinterließ Reeves in *Wolfboy*, einem Theaterstück, in dem er einen schwulen Kriminellen darstellte, der den Hauptdarsteller zunächst verführt und dann verrät. Nachdem die Schwulengemeinde Torontos auf das Stück aufmerksam wurde, gerieten bald Fotos von Reeves und seinem Co-Star Carl Marotte zu heiß gehandelten Sammlerobjekten (die inzwischen vermutlich noch begehrter sind). Patricia, Reeves' liberal denkende Mutter, kam offenbar ganz gut mit der wachsenden Popularität ihres Soh-

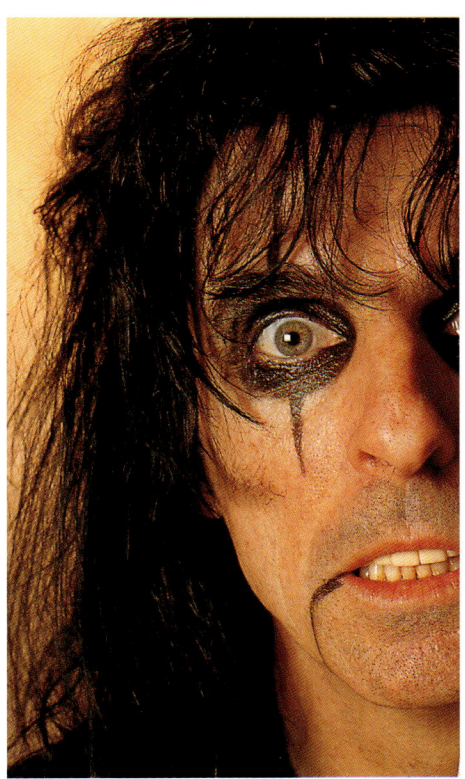

Oben: Keanu in Pose. Schon mit sechs wurde er das erste Mal von einem Profi abgelichtet.

Unten: Alice Cooper, einer von den „irren Typen", die bei den Reeves ein- und ausgingen.

Kühle Brise
aus Beirut

Keanu nahm Schauspielunterricht in der *High School for the Performing Arts* **in Toronto und dem** *Hedgerow Theatre.* **1981 bekam er seine erste Minirolle in der kanadischen TV-Serie** *Hanging In.*

nes bei den homosexuellen Theaterfans zurecht, fand es aber entsetzlich, daß der Fotograf auch Keanus Akne so meisterhaft eingefangen hatte.

1979 beschloß Reeves, die Schule zu verlassen, um Schauspielunterricht zu nehmen. Seine Mutter hatte nichts dagegen einzuwenden, sie sagte nur: „Tu, was du willst." Um seine Ausbildung zu finanzieren, nahm Reeves in Toronto eine Reihe von Jobs an, unter anderem als Schlittschuhschleifer, Baumbeschneider, Geschäftsführer eines Pasta-Shops und Landschaftsgärtner. Obwohl er auf eine Collegeausbildung verzichtet hatte, entwickelte er sich zu einem begeisterten Leser. Zu seinen Lieblingsautoren gehören unter anderem Dostojewskij, Oriana Fallaci, Arthur Rimbaud, Denis Diderot, Stephen Hawking („ein supergeiler Typ"), William Gibson, Thomas Mann, T. S. Eliot, Philip K. Dick, Konstantin Stanislawski, Jack Kerouac und – selbstverständlich – Shakespeare.

Ein Jahr, nachdem er die Highschool verlassen hatte, konnte man Reeves weltweit als durstigen Star eines Coca-Cola-Spots bewundern; kurz darauf warb er für Kellogg's Cornflakes. Rückblickend gesteht der Schauspieler: „Ich verdiente eine Menge Geld, das ich in einem Korb deponierte, in den ich bei Bedarf immer reingriff." Dabei hielt er sich an den Grundsatz, immer nur für Produkte zu werben, hinter denen er auch stehen konnte.

1980 war auch das Jahr, in dem Reeves sein Debüt als professioneller Schauspieler gab. Er war in einer Episode der kanadischen Fernsehserie *Hanging In*, in der es um ein Jugendberatungszentrum geht, zu sehen. Obwohl er nur den einen Satz „Lady, kann ich mal die Dusche benutzen?" zu sagen hatte, schätzte sich der junge Schauspieler „wirklich glücklich", die Rolle ergattert zu haben, um seinen Erfahrungsschatz zu erweitern. Wichtiger noch war aber vielleicht die Tatsache, daß er mit der Gage seinen ersten Wagen kaufen konnte: Einen grünen Volvo 122, Baujahr 1969, dessen Sitze auf Ziegelsteinen ruhten.

1981 schrieb Reeves sich in Torontos Hochschule für darstellende Künste *(High School for the Performing Arts)* ein, um sich für eine zukünftige Bühnenkarriere ausbil-

den zu lassen. Doch obwohl er sehr darauf aus war, sein Talent zu beweisen, haperte es einmal mehr an seiner Disziplin. „Es war ein klasse Jahr, aber ich wurde rausgeschmissen", sagte er später in einem Interview für *Sky*. „Ich war unhöflich und so – hab' zuviel gequatscht. Tja, das war mir eine Lehre, als sie mich rausschmissen."

Ein Jahr später stand Reeves zum ersten Mal für einen Spielfilm vor der Kamera: *The Prodigal,* ein Familiendrama mit John Hammond, John Cullon, Hope Lange und Joey Travolta, das die Auswirkungen von Billy Grahams Evangelisationskampagnen auf eine amerikanische Familie, den Stuarts, zum Inhalt hat. Reeves' Rolle ist derart winzig, daß der Streifen oft gar nicht in seiner Filmographie auftaucht.

Etwa zwölf Monate später präsentierte Reeves sich in einer seiner peinlichsten Rollen. In der kanadischen Cop-Serie *Night Heat* hatte er einen kurzen Auftritt als mieser, kleiner Schläger. Dies brachte ihm ohne Zweifel die gleichermaßen unattraktive Rolle in einer Folge von *Letting Go* ein: In

einem circa zweiminütigen Auftritt darf er den Hauptdarstellern in einer Videothek mit seinem rüpelhaften Benehmen auf die Nerven gehen.

Etwas vielversprechender sah es aus, als der Nachwuchsschauspieler eine Rolle in *Flying* erhielt, einer wenig bemerkenswerten Low-Budget-Produktion im Stil von *Flashdance*, die für den internationalen Markt in *Träume werden wahr (Dream to Believe)* umbenannt wurde. Denn obwohl sich das Sport- und Liebesdrama unter der Regie von Paul Lynch auf die Beziehung zwischen der ehrgeizigen Sportlerin Robin und ihrer toughen Trainerin Jean konzentriert, genießt Reeves in der Rolle von Robins Freund Tommy deutlich die Chance, einmal beweisen zu können, daß er in der Lage ist, auch etwas anderes darzustellen als Rüpel und Schläger. Er legt einen unwiderstehlichen Charme an den Tag, mit dem er Robins Herz mit Leichtigkeit gewinnt, ohne sie durch sportliche Leistungen beeindrucken zu müssen. Nach dieser

Rolle hatte Reeves einen kurzen, wenig bemerkenswerten Auftritt in einer Episode von *The Comedy Factory*.

Trotz dieser letzten Engagements war Keanu Reeves zunehmend frustriert. Wenn er nicht gerade Kleinkriminelle spielen sollte, bekam er Rollen angeboten, die schlichtweg unbedeutend oder uninteressant für ihn waren. Allmählich kam er zu dem Schluß, daß seine Zukunft außerhalb Kanadas lag – in Los Angeles.

Also packte Reeves seine bescheidene Habe zusammen und machte sich mit 3000 Dollar in seinem klapprigen Volvo auf den Weg zur Hauptstadt des Films, um für eine Hauptrolle in einem Disney-Fernsehfilm vorzusprechen. Obwohl er die Rolle nicht bekam, beschloß der Schauspieler, in L. A. zu bleiben und hier seine Karriere voranzutreiben.

Obwohl Keanu wegen seines guten Aussehens für die Rolle des romantischen Liebhabers prädestiniert war, durfte er zunächst immer nur problembeladene Teenager spielen.

▶▶   **13**

TEENAGER IN NÖTEN

2

Teenager
in Nöten

Für den Newcomer Keanu Reeves waren die ersten Monate in L. A. eine „schreckliche Zeit".

Keanu ist begeisterter Eishockeyspieler. In *Bodycheck* konnte er sein Talent auf dem Eis beweisen.

Den ersten Monat in Los Angeles verbrachte Keanu Reeves bei seinem ehemaligen Stiefvater Paul Aaron auf dem Sunset Boulevard. Während er unaufhörlich nach der großen Chance zum endgültigen Durchbruch suchte, arbeitete er für einen Film Aarons hinter der Kamera als Produktionsassistent.

Laut Reeves war diese Zeit eine „wirklich schreckliche Phase" in seinem Leben. Schon am ersten Tag teilten ihm sowohl sein Agent als auch sein Manager mit, daß sie größte Schwierigkeiten hätten, ihn überhaupt bei einem Casting einzuschleusen, weil sein Vorname Keanu „eine Exotik besaß, die sich angeblich störend auswirkte". Also dachte sich der Schauspieler eine Reihe von Pseudonymen aus, unter anderem Page Templeton III, Chuck Spidina und K. C. Reeves. Wenige Wochen nach seiner Ankunft hatte er sämtliche Pseudonyme schon wieder verworfen.

Reeves sah gut fünf Jahre jünger aus, als er wirklich war, und verhielt sich auch entsprechend. Diese Tatsache verschaffte ihm im Laufe des Jahres 1985 einige Teenie-Rollen, durch die schließlich verschiedene Produzenten und Regisseure Hollywoods auf ihn aufmerksam wurden.

Orientiert man sich an den Einspielergebnissen, brachte ihm *Bodycheck (Youngblood)* gewiß den größten Bekanntheitsgrad. Die Handlung des Films läßt sich am besten mit „*Brat Pack on Ice*" umschreiben, wobei es sich bei *Brat Pack* um eine

bestimmte Gruppe von Nachwuchsschauspielern aus Hollywood handelt. Der Film zeigt in der Hauptrolle das ehemalige Teenie-Idol Rob Lowe als großspurigen Eishockeyspieler Dean Youngblood, der seine Familie verläßt, um in ein kanadisches Eishockey-Team einzutreten. Youngblood stellt schnell fest, daß er sich die Anerkennung seiner Teamkameraden verdienen muß, und verliebt sich außerdem in Jessie Chadwick (Cynthia Gibb), die Tochter seines Trainers. Patrick Swayze, der später in *Dirty Dancing* und *Ghost – Nachricht von Sam* spielte, übernimmt die Rolle des Derek Sutton, Youngbloods verläßlichen Freund, während der praktisch unbekannte George Finn den anderen Darstellern in jeder Szene, in der er als Youngbloods Erzrivale Racki auftritt, die Show stiehlt.

Der wenig phantasievolle und sexistische Streifen mag keine Preise gewonnen haben, war aber ganz sicher auch kein finanzieller Flop. Keanu Reeves bekam zum ersten Mal die Chance, bei einem echten Big-Budget-Dreh dabeizusein, wenn auch seine Rolle als Heaver, einem Mitglied des ansässigen Eishockeyclubs, auf wenige Sätze beschränkt war.

Einem anderem Mitglied des *Brat Pack*, Kiefer Sutherland, begegnete Reeves in *Brotherhood of Justice*, einem spielfilmlangem Pilotfilm zu einer geplanten TV-Serie. In dieser Produktion – bewährte Standardkost unter der Regie von Charles Braverman, geschrieben von Jeffrey Bloom und

Nach *Brotherhood of Justice*, einer TV-Produktion mit den Kollegen Lori Laughlin und Kiefer Sutherland, zählte man Keanu plötzlich zum „Brat Pack", einer Gruppe von Nachwuchs-schauspielern aus Hollywood.

Noah Jubelirer – spielt Keanu seine erste Hauptrolle: Er verkörpert den privilegierten Schüler Derick, der etwas gegen die Gewalt an seiner Schule unternehmen will und daher eine Art inoffizielle Wachmannschaft aufstellt, die sich – man ahnt es schon – „Brotherhood of Justice" nennt. Doch was aus so noblen Beweggründen begonnen hat, gerät schnell außer Kontrolle, bis der ehemalige Wachtrupp selbst zu einer gewalttätigen Gang mutiert ist. Victor (Sutherland) drängt Derick, die Gruppe aufzulösen und bringt ihn dazu, Verantwortung für seine Taten zu übernehmen.

Brotherhood of Justice weckte zwar nicht genug Begeisterung, um anschließend als Serie produziert zu werden, bot jedoch Keanu Reeves die Chance, mit einer ausgesprochen vielversprechenden Leistung auf sich aufmerksam zu machen, zumal er sich gegen seinen weit erfahreneren Kollegen Sutherland glänzend behaupten konnte.

Nach diesem Film wurde Reeves plötzlich ebenfalls zum *Brat Pack* gezählt – eine Zuordnung, gegen die er sich heftig zu wehren versuchte. Trotz seiner Bewunderung für diese Gruppe von Jungstars, die

▶▶

Teenager in Nöten

Für die Dreharbeiten zu *Under the Influence* mußte Reeves sehr früh morgens aufstehen: „Es war hart. Mein Hirn ist um diese Zeit noch gar nicht wach!"

allen aufstrebenden Newcomern „wirklich den Weg geebnet" haben, betonte er mehrmals, daß er mit ihnen nichts zu tun hätte. In Anbetracht der Tatsache, wie sang- und klanglos Schauspieler wie Judd Nelson, Andrew McCarthy, der schon erwähnte Mr. Lowe, Molly Ringwald und andere von der Kinoleinwand verschwunden sind – Schauspieler, denen man anfangs eine ruhmreiche Karriere prophezeit hatte –, kann man Keanus Distanzierung nur als eine sehr vorausschauende Entscheidung bezeichnen.

Nach *Brotherhood of Justice* folgte das TV-Movie *Local 323 (Act of Vengeance)*, das für Keanu nur den undankbaren, zum Glück aber kurzen Part des neurotischen Killers Buddy Palmer zu bieten hatte.

Wenig Erinnerung hat Reeves an seine Rolle in dem vielgepriesenen Fernsehfilm *Under the Influence*. Als ein Reporter des *US*-Magazins ihn 1995 danach fragte, fiel dem Schauspieler nur noch ein, daß die Dreharbeiten um acht Uhr morgens begannen. „Ich fand es . . . unfair", sagte er. „Es ist echt hart, morgens früh zu spielen. Mein Hirn ist noch gar nicht wach."

Reeves spielt in diesem bewegenden Familiendrama wieder einmal einen Teenager in Nöten.

In seinem nächsten Projekt, *Young Again (Young Again)*, bekam Reeves endlich die Chance, eine Rolle zu spielen, die sich grundsätzlich von seinen bisherigen Engagements unterschied. Die warmherzige, romantische Komödie im Stil von *Zurück in die Zukunft*, die von Disneys TV-Abteilung produziert wurde, handelt von dem 40jährigen unbekümmerten Junggesellen Michael Riley (Robert Urich), dessen größter Wunsch

sich plötzlich erfüllt: Er verwandelt sich wieder in einen siebzehnjährigen Teenager – Keanus Auftritt! Michael kehrt auf die High-school zurück, in der er sich damals in Laura Gordon (Lyndsay Wagner) verliebt hat, und entdeckt, daß er noch immer viel für sie empfindet. Nachdem er sich als Teenie eine Weile prächtig amüsiert hat, wird ihm klar, daß man die Vergangenheit nicht zurückholen kann. Er beschließt, mit Laura, die inzwischen Witwe mit zwei Kindern ist, einen neuen Anfang zu wagen.

Während die Kino-Veteranen Urich und Wagner die gewohnt guten Leistungen abliefern, gelingt es Keanu (der im Nach-spann unter seinem Lieblingspseudonym K. C. Reeves genannt wird), die beiden in der Rolle des 17jährigen Michaels an die Wand zu spielen, indem er die Euphorie, Energie und das Glücksgefühl, wieder jung sein zu dürfen, brillant auf den Bildschirm transportiert.

Um Weihnachten herum kehrte Reeves mit *Abenteuer im Spielzeugland (Babes in Toyland)*, einem märchenhaften Gute-Laune-Stück für die ganze Familie, zum Fernsehen zurück. Die schon zum dritten Mal verfilmte Geschichte – ursprünglich eine Operette von Victor Herbert – brachte Reeves mit dem Skandal-Kind Drew Barrymore zusammen, die, wie er gerne betonte, zu diesem Zeitpunkt „clean" war.

Das ganze Jahr 1986 war Reeves gut beschäftigt und sowohl auf der Leinwand als auch auf dem Bildschirm häufig zu sehen. Dennoch sollte es noch bis zur Pre-miere von *Das Messer am Ufer (River's Edge)* dauern, bis die Öffentlichkeit erkannte, welche Talente wirklich in Keanu schlummerten.

Das Jahr 1986 bedeutete für Keanu viel Arbeit. Die ersehnte Anerkennung brachte ihm aber erst *Das Messer am Ufer.*

GRAT-
WANDERUNGEN

3

Das Messer am Ufer war sehr umstritten. Keanu fand den Film allerdings „außergewöhnlich".

▶▶

Gratwanderungen

sen ist, Samson zu decken, sind seine anderen Freunde entweder zu gleichgültig oder aber zu bedröhnt, um sich um Samsons Schicksal zu kümmern. Schließlich verrät ihn Matt (Reeves) nach langen inneren Kämpfen heimlich an die Polizei, so daß Layne gezwungen ist, unterzutauchen. Er verbündet sich dazu mit Feck (Dennis Hopper), einem verbitterten, einbeinigen Ex-Rocker.

Der Film beabsichtigt in keiner Weise, sein Publikum zu unterhalten oder gar zu beruhigen, was wahrscheinlich der Grund dafür war, daß er bei den meisten Kinogängern durchfiel. Nichtsdestoweniger bekam der Streifen hervorragende Kritiken und hat sich peu à peu zu einem Kultfilm gewandelt. Reeves selbst hat ihn oft gelobt: „Ich glaube, es ist ein außergewöhnlicher Film. Er ist wirklich großes Kino." Keanus glaubhafte, ungekünstelte Darstellung brachte ihm eine Menge Lob ein, und zum ersten Mal in seiner bisherigen Laufbahn interessierten sich die Medien ernsthaft für ihn als Schauspieler.

Das Messer am Ufer machte auch den Regisseur Ron Nyswaner auf den jungen Schauspieler aufmerksam, der damals gerade einen Teenager für eine Hauptrolle in seiner schrägen Tragikomödie *Der Prinz von Pennsylvania (The Prince of Pennsylvania)* suchte.

„Ich fand Keanu in *Das Messer am Ufer* wundervoll, aber es war ein sehr ernster Film, und ich hatte keine Ahnung, ob er komisch sein konnte oder nicht", so Nyswaner. „Also bestellte ich ihn in mein Hotel in L. A., um mit ihm über die Rolle zu reden, und er brachte uns eine satte Dreiviertelstunde zum Lachen. Da wußte ich, daß er die ideale Besetzung war."

Der Prinz von Pennsylvania spielt in der Bergbaustadt Mars in Pennsylvania. Reeves stellt den jungen Rupert Marshetta dar, der immer häufiger mit seinem militanten, rechtsgerichteten Vater Gary (Fred Ward) und seiner Mutter Pam (Bonnie Bedelia), die fremdgeht, aneinandergerät. Während Gary seinen Sohn im Kohlebergbau unterbringen will, hat Rupert ganz andere Zukunftspläne und kidnappt schließlich seinen Vater, um für ihn ein Lösegeld zu erpressen. Doch funktioniert

Das Messer am Ufer dürfte einer der wichtigsten und einflußreichsten Teenager-Filme sein, die in den Achtzigern produziert wurden. Regisseur Tim Hunters Blick auf die entfremdete und verstörte Jugend ist kalt, kompromißlos und deprimierend: Als man am Ufer eines Flusses die Leiche eines Mädchens findet, versucht der Schüler Samson (David Roebuck) gar nicht erst zu verheimlichen, daß er die Tat begangen hat. Während Layne (Crispin Glover) entschlos-

Ganz oben: *Das Messer am Ufer:* Matt (Keanu Reeves) und Layne (Crispin Glover) stellen Samson zur Rede.

Oben: Durch *Das Messer am Ufer* wurden Regisseure wie Kathryn Bigelow oder Ron Nyswaner auf Keanu aufmerksam.

Linke Seite: Keanu spielte den ständig bekifften Matt sehr einfühlsam und überzeugend.

Gratwanderungen

Oben: Keanu Reeves einmal ganz anders:
In *Der Prinz von Pennsylvania* zeigte er sein
komisches Talent.

Rechts: In *The Last Song* spielt Keanu als
Chris Townsend wieder einmal den
orientierungslosen Jugendlichen.

nichts so, wie Rupert es sich vorgestellt hat,
da niemand gewillt ist, für Garys unver-
sehrte Rückkehr zu zahlen.

Keanu genoß den Dreh und ganz
besonders die Arbeit mit Fred Ward und
Amy Madigan, die Ruperts Freundin, Carla,
darstellte. Dies war auch in etwa die Zeit, in
der Reeves seine Liebe zum Motorradfahren entdeckte. Während des Drehs mietete
er sich eine Harley Davidson und brauste
nachts ohne Licht durch Pennsylvania.
„Das war echt cool", gab er später zu.

Der *Prinz von Pennsylvania* wurde sehr

unterschiedlich aufgenommen und hatte
keine großen Auswirkungen auf Reeves'
Karriere. Immerhin inspirierte er eine
Schwulengruppe in Toronto, den „Keanu
Stomp" zu entwickeln – einen Tanz, der
seine Gehweise in diesem Film imitiert. Das
dürfte einer der skurrilsten Beweise für
Reeves' wachsende Popularität sein.

The Last Song (Permanent Record)
zeigt Reeves einmal mehr als problembe-
hafteten Teenager und erwies sich als sein
erster richtiger Flop an den US-Kinokassen.
In dem zeitgenössischen Drama spielt er

▶▶

Chris Townsend, einen Gymnasiasten, der gezwungen wird, sein Leben neu zu überdenken, als sein bester Freund David Sinclair (Alan Boyce) Selbstmord begeht. Obwohl der Film bestrebt ist, das generationenalte Problem der Ängste und der Entfremdung Jugendlicher auszuloten, fehlt ihm echte Überzeugungskraft, so daß er letztendlich nur als eine oberflächliche Variation von *Das Messer am Fluß* daherkommt. Selbst Reeves' bewegendes, einfühlsames Spiel kann nicht darüber hinwegtäuschen, daß die Nebenrollen schwach und das Drehbuch ausgesprochen kläglich ist.

Auch Keanus nächster Film, *Eine verrückte Reise durch die Nacht (The Night Before),* kam bei Publikum und Kritikern nicht besonders gut an. Thematisch locker mit dem immens erfolgreichen *Ferris macht blau (Ferris Bueller's Day Off* mit Matthew Broderick) verbunden, zeigt der Film Keanu als den Jugendlichen Winston Connelly, der eines Tages verkatert in einer Gasse erwacht und keine Ahnung hat, was in der Nacht zuvor geschehen ist. So belanglos

▶▶

Gratwanderungen

Oben: Auch Keanus witzige Einlagen glichen die Drehbuchschwächen von *Eine verrückte Reise durch die Nacht* nicht aus.

Oben rechts: In *Gefährliche Liebschaften* verliebt sich Musiklehrer Danceny (Reeves) in seine Schülerin Cecile (Uma Thurman).

Eine verrückte Reise durch die Nacht auch war, so geschickt nutzte Reeves darin doch, so oft es ging, die Möglichkeit, sich über den begrenzten Rahmen des unspektakulären Drehbuchs hinauszubewegen – und den Film durch einige ausgesprochen komische Momente zu bereichern. Seine arbeitsfreien Stunden verbrachte Reeves in dieser Zeit größtenteils mit seiner Moto Guzzi – die er übrigens „Guzzi Moto" taufte und auf der er mit 130 Meilen pro Stunde durch Los Angeles brauste.

Bei Keanus Liebe zu Motorrädern und seiner riskanten Fahrweise ist es nicht weiter erstaunlich, daß er mehrfach wegen verschiedener Verkehrsdelikte belangt wurde und schon einige Unfälle hinter sich hat. Von einem besonders üblen Unfall zeugt eine Narbe, die sich vom Nabel bis zur Brust zieht. „Mein Körper ist ein Wrack", gab er in einem Interview nonchalant zu.

Passenderweise befand er sich gerade mal wieder im Krankenhaus, wo er die Folgen seiner Leidenschaft auskurierte, als man ihm mitteilte, daß er die Rolle des Danceny in *Gefährliche Liebschaften (Dangerous Liaisons)* bekommen hatte. Die Regie zu Christopher Hamptons prestigeträchtiger Adaption des französischen Romans *Les Liaisons Dangereuses* sollte Stephen Frears führen.

Gefährliche Liebschaften, eine Art prä-feministischer Kampf der Geschlechter im Frankreich des 18. Jahrhunderts, beschreibt die kaltblütigen Machtspiele zweier durchtriebener Adeliger, der Marquise de Merteuil (Glenn Close) und des Vicomte de Valmont (John Malkovich). Die Marquise will Valmont dazu bringen, die unschuldige Cecile de Volanges (Uma Thurman) zu verführen, doch Valmont stellt lieber der tugendhaften Ehegattin Madame de Tourvel (Michelle Pfeiffer) nach. Reeves spielt den Chevalier Danceny, einen Musiklehrer, der sich in Cecile verliebt, mit dem Erfolg, daß ihm Merteuil und Valmont übel mitspielen.

In *Gefährliche Liebschaften* hat Reeves zum ersten Mal die Gelegenheit, dem Kinopublikum seine Bühnenerfahrung zu demonstrieren. In Anbetracht der Tatsache, daß er neben solchen Größen wie Close und Malkovich bestehen muß, hält er sich recht gut und verleiht seinem Chevalier voll-

kommene Unschuld und Naivität. Die größte Herausforderung bestand für Reeves in jener Szene im Theater, in der Danceny weint. „Das war vielleicht ein Alptraum", berichtete der Schauspieler in einem Interview für *Rolling Stone*. „Ich hab' fast sechs Stunden zu heulen versucht. Stephen Frears kam zu mir und meinte: ‚Warum denkst du nicht daran, daß deine Mutter gestorben ist oder so was? Du bist doch ausgebildet. Gibt es nichts, was du da tun kannst?'"

Obwohl sein Terminkalender randvoll war, gelang es Reeves, zwischen die einzelnen Dreharbeiten zu Kinofilmen noch einige TV-Auftritte zu quetschen. Er war in einer Folge von *Trying Times,* die unter dem Titel „Moving Day" lief, sowie in einer Fortsetzung von *Two Lost Souls* zu sehen und übernahm die Rolle eines „Muttersöhnchens" in einem PBS Special mit dem Titel *Life Under Water.*

Als das Jahr 1988 sich schließlich dem Ende zuneigte, konnte Reeves nicht ahnen, daß das kommende Jahr ihm einen entscheidenden Karriereschub bringen sollte.

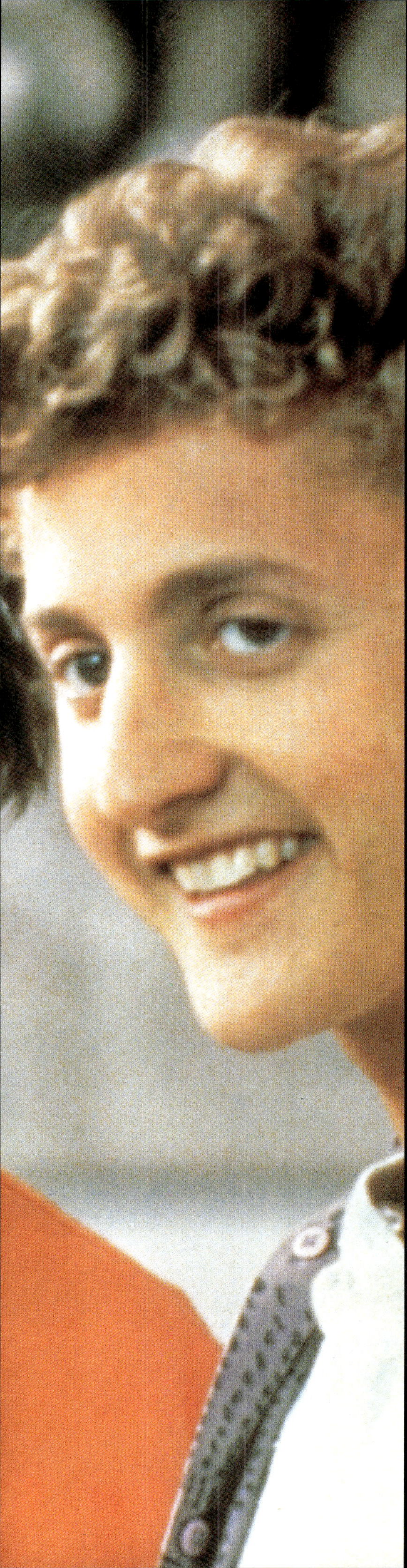

TED UND TODS VERRÜCKTE ABENTEUER

4

Ted und Tods
verrückte Abenteuer

„Es war etwas ganz Besonderes. Ein irrer Spaß. Irre Darsteller. Eine tolle Zeit!"

Während *Das Messer am Ufer* dem Schauspieler das Lob der Kritiker und eine Art Kultstatus einbrachte, verwandelte der Überraschungserfolg *Bill und Teds verrückte Reise durch die Zeit (Bill & Ted's Excellent Adventure)*, verbunden mit seiner beeindruckenden Darbietung in *Eine Wahnsinnsfamilie (Parenthood)*, Keanu Reeves in einen Hollywoodstar erster Güte.

Bill und Teds verrückte Reise, eine Kreuzung zwischen *Zurück in die Zukunft (Back to the Future)* und einem Dick-und-Doof-Film, erzählt die Geschichte von Bill S. Preston Esquire (Alex Winter) und Ted „Theodore" Logan (Reeves), zwei gutmütigen Provinzteenies, die ein „granatenstarkes" Popvideo machen wollen, um es mit ihrer Band, The Wyld Stallyns, zu internationalem Ruhm zu bringen.

Doch bevor sie ihre ruhmreiche Karriere überhaupt in Angriff nehmen können, müssen die beiden unglücklicherweise erst ihre Geschichtsprüfung bestehen. Fallen sie durch, ist auch ihr Abschluß gelaufen, und Ted muß auf die Oats Military Academy in Alaska, wodurch die Zukunftspläne der beiden empfindlich gestört werden würden. Da Bill Napoleon für einen „kleinen, toten Kerl" hält und Ted der Meinung ist, Jeanne d'Arc sei mit Noah verheiratet gewesen, stehen ihre Chancen nicht gerade gut. Vorsorglich hat Teds Vater bereits einen Flug nach Alaska gebucht.

Während die zwei sich durch einen Crash-Kurs in Geschichte quälen, werden sie von einem geheimnisvoller Wohltäter aus dem 27. Jahrhundert namens Rufus (George Carlin) besucht, der den beiden vertrotteltem Freunden unter die Arme greifen will. Er macht ihnen klar, wie absolut notwendig es sei, daß sie zusammenblieben. Die Musik der Wyld Stallyns sei nämlich dazu bestimmt, die „Planeten zusammenzuschließen und sie in einer universalen und alles verbindenden Harmonie zu einen". Also reisen Bill und Ted in einer Telefonzelle durch Raum und Zeit, um sich die Hilfe einiger bedeutender Persönlichkeiten der Geschichte zuzusichern. Als die beiden nach vielen Abenteuern schließlich nach San Dimas, Kalifornien, ins Jahr 1988 zurückkehren, werden sie unter anderem von Billy the Kid, Sokrates, Jeanne d'Arc, Sigmund Freud und Abraham Lincoln („der Typ auf der Dollarnote") begleitet, die alle ihren Beitrag zu Bill und Teds „granatenstarker" Geschichtsvorführung leisten.

Bill und Ted wurden 1983 von Chris Matheson und Ed Soloman von der *University of California at Los Angeles (UCLA)* erdacht. Als Matheson und Soloman erkannten, welches enorme Potential in diesen Charakteren steckte, schrieben sie das Buch zu *Bill und Teds verrückte Reise* – nur um festzustellen, daß keines der großen Studios an diesem Projekt interessiert war.

Oben: Zwei „Provinzdeppen" auf Zeitreise: Ted „Theodore" Logan (Keanu Reeves) und Bill S. Preston Esquire (Alex Winter).

Linke Seite: Bill, Ted und Sokrates (Tony Steedman) müssen feststellen, daß eine Telefonzelle als Reisemobil sehr tückisch sein kann.

Ted und Tods verrückte Abenteuer

Oben: Die Geschichtsprüfung droht: Als klar wird, daß Bill und Ted mit Lesen alleine nicht mehr weiterkommen, engagieren sie solch historische Persönlichkeiten wie Billy the Kid oder Sokrates.

Unten: Nach dem Riesenerfolg des Films wurden Keanu Reeves und Alex Winter mit ihren Rollen gleichgesetzt.

Immer wieder mußten die beiden Autoren sich anhören, daß es solche Gestalten wie Bill und Ted nicht gäbe und daß die Geschichte niemals ein Publikum fände. Schließlich kaufte Warner Brothers das Drehbuch doch, ließ das Projekt jedoch 1986 wieder fallen und trat es an Dinode Laurentis' Filmproduktionsgesellschaft, DEG, ab.

Der Regisseur Stephen Herek kannte das Buch bereits seit Mitte '86, und seiner Begeisterung für die Story ist es zu verdanken, daß das Projekt bei DEG vorangetrieben wurde. Herek war fest entschlossen, die Science-fiction-Elemente im Film zu reduzieren und statt dessen mehr Gewicht auf die Komik zu legen. Ihm war klar, daß der Erfolg des Filmes unmittelbar von der Besetzung abhing. Also veranstaltete er ein Casting, bei dem er sich Hunderte von jungen Schauspielern ansah, bis er am letzten Tag vierundzwanzig Kandidaten herausgefiltert hatte. Er ließ Paare bilden, stellte um und ordnete immer wieder neu, bis er endlich Reeves und Winter als Idealbesetzung für seinen Film gefunden hatte.

„Keanu Reeves und Alex Winter waren sich bis zu jenem Tag noch nie begegnet", sagte Herek, „aber wir sahen vom ersten Augenblick an, daß sie bestens zusammenpaßten."

Um dem Film einen gewissen Kultstatus und einen schrägen Touch zu verleihen, besetzte Herek die Nebenrollen mit recht ungewöhnlichen Leuten. Er verpflichtete unter anderem Go-Gos Gitarristin Jane Wiedlin, *Strange Behaviour*-Star Dan Shor, den britischen Schauspieler Tony Steedman und den beliebten Komiker George Carlin.

Die Dreharbeiten zu *Bill und Teds verrückte Reise* begannen im März 1987, und keine zehn Wochen später war der Film im Kasten. Die meisten Szenen wurden in Phoenix, Arizona, gefilmt, während man für einige Zusatzeinstellungen nach Italien reiste, um in den römischen Ruinen zu drehen. Am Ende kostete der Film, der ursprünglich – ausgesprochen knapp – mit acht Millionen Dollar angesetzt war, zwei Millionen mehr.

Bill und Teds verrückte Reise durch die Zeit ist eine unbekümmerte und überaus gutgelaunte Abenteuergeschichte, in der die gelegentlich auftretenden Mängel im

Bereich Regie und Buch durch Reeves' und Winters wunderbares Zusammenspiel mehr als ausgeglichen werden. Dank dem dusseligen Duo ist der Streifen streckenweise zum Schreien komisch und verliert keine einzige Sekunde seinen Charme. Wer könnte zum Beispiel die geniale Szene vergessen, in der Bill und Ted Rufus' Ankunft in der Telefonzelle mit den lapidaren Worten „Nicht schlecht" kommentieren? Oder jene,

▶ ▶

in der sie sich mit ihren Doppelgängern aus der Zukunft ein Luftgitarrenduell liefern?

Reeves hatte unheimlich viel Spaß bei den Dreharbeiten. Später sagte er einmal, das Schwierigste an der Sache sei gewesen, sich zu merken, ob er Bill oder Ted war. „Es war etwas ganz Besonderes", meinte er. „Ein irrer Spaß. Irre Darsteller. Irre Situationen. Es war eine tolle Zeit."

Keanu bereitete sich auf den Part des Ted Logan vor, indem er sich Zeichentrickfilme ansah, und spielte die Rolle schlichtweg perfekt. Dabei betonte er immer wieder, daß einer der wichtigsten und stärksten Elemente des Films die Freundschaft zwischen Bill und Ted an sich sei.

„Ted braucht Bill, weil Ted ein wirklichkeitsfremder, sympathischer Spinner ist", erklärte er. „Ted ist ein echter Träumer, ein bißchen naiv, doch innerhalb dieser Freun-

Großes Finale beim Geschichtsreferat: Bill und Ted können sich jetzt auf ihre Musikerkarriere konzentrieren. Angenehmer „Nebeneffekt": Die Zukunft der Menschheit ist gesichert!

Keanu Reeves im Schoße der *Wahnsinns-familie.* **Mit seiner Rolle als Tod lag er in der ehrgeizigen Tragikomödie unter der Regie von Ron Howard gar nicht schief.**

desbeziehung immer die positive und treibende Kraft. Mag sein, daß Bill stets die Lösung aus einem Dilemma aufzeigt, aber dann ist es doch immer Ted, der sie beide wirklich rausreißt! Es ist schon fast ein bißchen unheimlich – zwei Modelle eines Typs."

Bill und Teds verrückte Reise war gerade in der Vorproduktion und sollte im Herbst '87 erstmals aufgeführt werden, als DEG Bankrott anmeldete. Stephen Herek suchte nach einem anderen Vertrieb für den Film und bekam schließlich ein Kooperations-Angebot von Orion und Nelson Enter-

tainment: Orion erklärte sich bereit, den Film in die Kinos zu bringen, während Nelson sich um den Videovertrieb kümmern würde. Und so hatte *Bill und Teds verrückte Reise* seine Weltpremiere in den Kinos erst am 22. Februar 1989 – fast zwei Jahre nach der Fertigstellung. Der Streifen wurde zu einem echten Überraschungserfolg, der allein in den USA 45 Millionen Dollar einspielte.

Es war nicht verwunderlich, daß sich daraufhin die Medien nun auf die beiden Hauptdarsteller des Films stürzten. Reeves wurde förmlich über Nacht zu einem

Ted und Tods
verrückte Abenteuer

„Habt Spaß und seid nett zueinander."

Teenie-Idol und Mädchenschwarm, aber anstatt ihn als ehrgeizigen, vielversprechenden Nachwuchsschauspieler darzustellen, porträtierte man ihn als gutmütigen und harmlosen Provinztrottel – Ted „Theodore" Logan eben, zum Leben erweckt.

„Ich hab' mein Image nicht durch meine Arbeit bekommen, sondern durch die Presse", äußerte er später gegenüber Empire. „Ich bin ein ziemlich merkwürdiger, trotteliger Kerl, und ich glaube, man stempelt mich wegen meines Wesens ab, steckt mich in eine Schublade, weil ich bin, wie ich bin, wie man mich sehen will, oder wie ich war. Ich lasse mich ganz traumhaft als Depp verkaufen, weil ich Wörter wie ‚traumhaft' gebrauche."

Reeves war schon frustriert über sein Deppen-Image in den Medien, aber als Mädchenschwarm angesehen zu werden war ihm schlichtweg peinlich. Obwohl er gerne eingesteht, daß es ihm wichtig ist, fit und in Form zu bleiben, gibt er sich bezüglich seiner Attraktivität zurückhaltend. „Ich finde nicht, daß ich der attraktivste Kerl der Welt bin", sagte er in Sky, „aber ich weiß auch, daß ich zumindest nicht wie ein Waldschrat aussehe."

Seit Reeves' in Hexenjagd sein Schauspieldebüt als Traumboy gab, schien es fast zwingend, daß er sich in ein Teenie-Idol verwandeln würde. Überraschend dagegen war, daß man ihn plötzlich zum Sprachrohr einer ganzen Generation machte, die den Materialismus satt hatte und von einer Gesellschaft träumte, die sich nach Bills und Teds Motto richtete: „Seid nett zueinander und habt Spaß". Obwohl die Botschaft des Films – Sei gut und dir passiert nur Gutes – sich nicht groß von der unterscheidet, mit der Tom Hanks in Forrest Gump ein paar Jahre später sein Publikum rührte, konnte Keanu in Bill und Ted keine

hintergründige Anspielung auf die zeitgenössische Gesellschaft erkennen.

„Ich fühlte – und fühle! – mich bestimmt nicht als irgendein kosmischer Wortführer", sagt er. „Kann sein, daß Ted ein Archetyp ist, für mich ist er aber nur ein liebenswerter Spinner."

Keine sechs Monate nach der Premiere von Bill und Teds verrückte Reise war Reeves mit Eine Wahnsinnsfamilie erneut in einer Kinoproduktion zu sehen. Die ehrgeizige Studie familiären Lebens handelt von den Buckmans, die aus dem Blickwinkel dreier verschiedener Generationen gezeigt werden. Im Mittelpunkt des Geschehens steht das Familienoberhaupt Gil Buckman (Steve Martin), der sich bemüht, ein besserer Vater zu sein, als es der seine (Jason Robards) war. Reeves spielt Tod, den gutmütigen, aber leicht beschränkten Sohn, der sich, sehr zum Kummer seiner Mutter Helen (Dianne Wiest), in Jule (Martha Plimpton) verliebt.

Keanus Rolle des Tod ist zwar klein, doch seine charmante Darstellung fand positiven Beifall. So urteilte Variety zum Beispiel, der Film habe durch die Besetzung mit Reeves mehr Pep bekommen.

Nachdem die Dreharbeiten zu Eine Wahnsinnsfamilie beendet waren, beschloß Reeves, wieder auf die Bühne zurückzukehren. Er nahm am Winter-Workshop der Shakespeare Company in Lenox, Massachusetts teil und spielte in ihrer Aufführung von Der Sturm (The Tempest) die Rolle des Trinculo. Dies bot ihm nicht nur die Gelegenheit, seine schauspielerischen Fähigkeiten weiterzuentwickeln, sondern erlaubte ihm auch, dem ganzen Hollywood-Rummel eine Weile den Rücken zu kehren und über seine Zukunft nachzudenken.

Der gutmütige, etwas beschränkte Tod, der sich heftig in Julie (Martha Plimpton) verliebt, muß leider feststellen, daß deren Familie entschieden dagegen ist.

DER WENDE-PUNKT

5

William Hurt und Keanu Reeves als dilettantische Killer in *Ich liebe dich zu Tode*.

So oder so — Keanu versucht mit allen Mitteln, sich nicht auf einen Typus festlegen zu lassen.

Der doppelte Erfolg von *Bill und Teds verrückte Reise durch die Zeit* und *Eine Wahnsinnsfamilie* erwies sich für Keanu Reeves als zweischneidiges Schwert: Einerseits förderte er seine Berühmtheit und sicherte ihm ein anständiges Auskommen, andererseits drohte jetzt die Gefahr, daß man ihn nur noch für Rollen engagieren würde, in denen er nette, bezaubernde, aber intellektuell etwas minderbemittelte Teenager darstel-

len sollte. Für einen Schauspieler, der immer wieder betonte, daß er sich nicht wiederholen wolle, mußte die Aussicht auf solch eine Festlegung einiges an Schrecken besessen haben. Dazu kam, daß die Rolle des Teenagers seine Karriere allein schon altersbedingt begrenzen würde.

„Wenn man lediglich die Jugend seiner Zeit symbolisiert, dann findet das schnell ein Ende, sobald diese Jugend erwachsen

►►

Der Wendepunkt

wird und eine neue Generation kommt, die ein neues Symbol sucht."

Folglich begann Reeves 1990, sich bewußt von dem Teenager-Bild zu lösen und sich um „erwachsenere" Rollen zu bemühen. In Lawrance Kasdans *Ich liebe dich zu Tode (I Love You to Death)* kehrte der Schauspieler seinem klar umrissenen Image als Mädchenschwarm den Rücken, um Marlon, den ständig bekifften und absolut inkompetenten Killer zu spielen. Marlon und sein Kumpel, der Alkoholiker Harlon (William Hurt), werden von Rosalie (Tracey Ullman) angeheuert, um deren untreuen Gatten Joey (Kevin Kline) umzulegen.

„Marlon ist ein absolut harmloser Typ", erklärte Reeves in *Interview*. „Larry Kasdan wollte einen völlig fertigen Typen haben, einen, der irgendwie immer benebelt ist. Nur harmlos und zugedröhnt. Also hat man mich engagiert."

Reeves ist zwar nur eine gute halbe Stunde auf der Leinwand zu sehen, doch seine Darstellung ist nichtsdestotrotz umwerfend. Die Rolle verschaffte ihm einen Auftritt in der Tracey-Ullman-Show und brachte ihn auch zum ersten Mal mit dem 1993 verstorbenen River Phoenix zusammen.

In *Ich liebe dich zu Tode* präsentiert sich Reeves mit seiner „Lieblingsfrisur" (sofern das Chaos auf seinem Kopf die Bezeichnung „Frisur" verdient), die er zusammen mit Kasdan und dem Friseur des Sets kreiert hatte. „Am Ende war es wie acht Frisuren in einer. Hinten wie ein Schuljunge, an einer Seite ausrasiert, eine Irokesenbürste oben und ein paar Strähnen, die einfach nur so runterhingen", erzählte Reeves vergnügt.

Keanus höchst merkwürdiges Aussehen und seine Leidenschaft für das Motorradfahren hinterließen lebhafte Erinnerungen bei Regisseur Jon Amiel, der zu ihm kam, um ihm die Hauptrolle in seiner Tragikomödie *Julia und ihre Liebhaber* anzubieten (der Originaltitel *Tune in Tomorrow . . .* wurde erst später in *Aunt Julia and the Scriptwriter* abgeändert).

„Als ich Keanu zum ersten Mal traf, war sein Haar auf einer Seite ausrasiert, auf der anderen Seite hing es ihm lang herunter", erinnert sich Amiel. „Die Haare konnten bis zu den Probeaufnahmen wieder nachwachsen. Doch am ersten Tag erschien er mit mehreren Verbänden eingewickelt und hinkte, weil er sich mal wieder mit seinem Motorrad hingelegt hatte."

Julia und ihre Liebhaber spielt im Jahre 1951 und erzählt die Geschichte von Martin Loader (Reeves), einem 21jährigen Rundfunkredakteur, der sich in Julia (Barbara Hershey), die 36jährige Schwester seiner angeheirateten Tante verliebt. Obwohl Julia eigentlich nach einem reichen Mann Ausschau hält, erliegt sie schrittweise Martins ernsthaftem und unverdorbenem Charme und beginnt mit ihm ein Verhältnis, ohne sich um die Proteste ihrer Familie zu kümmern. Die problembehaftete Beziehung wird von dem exzentrischen Hörspielautor Pedro Carmichael (Peter Falk) verfolgt, der ihre Story zu einem Radioserial verarbeitet das sich bald großer Beliebtheit erfreut.

Obwohl dem Film der satirische Unterton des zugrunde gelegten Romans von Mario Vargas Llosa, *Tante Julia und der Kunstschreiber (La tia Julia y el escribidor)*, fehlt, handelt es sich um eine nette, unterhaltsame Liebesgeschichte, die durch die hochkarätige Darstellung der beiden Hauptakteure enorm gewinnt. Berücksichtigt man, daß Keanu zum ersten Mal einen Erwachsenen (oder Quasi-Erwachsenen) spielt, gelingt es ihm, die Rolle des normalen Mittelschichtlers mit Hemd, Jackett und Krawatte plus konservativem Kurzhaarschnitt ausgesprochen glaubhaft auszufüllen.

Reeves' Leistung in *Julia und ihre Liebhaber* wurde fast ausnahmslos gelobt (*Variety* bezeichnete ihn sogar als „herausragend"). Für seine Rolle hatte er sich einen durchaus überzeugenden New Orleans-Akzent zugelegt, den er auch außerhalb des Sets beibehielt. Doch obwohl Keanu sein Bestes gab, kam der Film beim Publi-

Ganz oben: Keanu mit seiner „Lieblingsfrisur" in *Ich liebe dich zu Tode . . .*

Mitte: Martin Loader (Reeves) umgarnt seine Tante (Barbara Hershey) in *Julia und ihre Liebhaber.*

Unten: Martin bittet Pedro (Peter Falk) um Rat.

Adrenalin-Junkies: Johnny Utah (Reeves) und Surffreak Bodhi (Patrick Swayze) sind in *Gefährliche Brandung* ständig auf der Suche nach dem ultimativen Kick.

kum in den USA nicht sonderlich gut an und ging direkt als Video nach Europa.

Da Reeves nun bewiesen hatte, daß er romantische Helden genauso locker spielen konnte wie tumbe Provinzdeppen und schwierige Jugendliche, bot ihm die Rolle des „Adrenalin-Junkies" in *Gefährliche Brandung (Point Break)* erneut die Gelegenheit, sein Image vollkommen umzukrempeln. *Gefährliche Brandung* von Regisseurin Kathryn Bigelow *(Blue Steel, Strange Days)* ist ein actiongeladener, atemloser und rasanter Thriller, in dem Reeves John Utah spielt, einen ehemali-

gen Footballprofi, der nun für das FBI arbeitet. Utah gibt sich als Surfer aus, um die sogenannten „Ex-Präsidenten", eine professionelle Bankräubertruppe, die bei ihren Überfällen Masken von Reagan, Nixon, Carter und Ford tragen, dingfest zu machen. Während seiner Undercovertätigkeit freundet Utah sich mit Tyler (Lori Petty) an. Sie ist es, die ihn mit Bodhi, dem charismatischen Führer einer Truppe adrenalin-süchtiger Surfer bekannt macht. Obwohl Utah anfangs vermutet, daß ein Trupp Neo-Nazis hinter den Überfällen steckt, stellt sich am Ende heraus, daß in

▶▶

Der Wendepunkt

lows Meinung teilen und in Utah einen Vorläufer von Jack Traven in *Speed* sehen, hält Reeves seinen John Utah eher für einen Anti-Helden. Seiner Ansicht nach ist *Gefährliche Brandung* ein Drama, in dessen Mittelpunkt Utahs Verführung durch Bodhi und seine Surffreaks – stets auf der Suche nach dem ultimativen Kick – steht.

Um sich auf die Rolle des Actionrespektive Anti-Helden vorzubereiten, verbrachte Reeves eine beträchtliche Zeit mit Sportlern, FBI-Agenten, Polizeibeamten und Mitgliedern von Studentenverbindungen. Er lernte surfen (was sich schließlich zu einem seiner Lieblingshobbys entwickelte) und machte einen Crashkurs in Fallschirmspringen, so daß Utahs Sprung aus 12 500 Fuß Höhe ohne Stunt gedreht werden konnte.

Rein visuell ist *Gefährliche Brandung* wahrhaftig atemberaubend: wunderschöne Aufnahmen, rasante Schnitte und eine Reihe filmtechnischer Highlights, zu denen auch die scheinbar endlose Jagd zwischen Utah und „Präsident Reagan" durch zahlreiche Straßen, Gärten und Häuser gehört. Obwohl die Story inhaltliche Schwächen hat und im mittleren Teil ganz entschieden an Richtung verliert, hat Bigelow den Film so schnell und aggressiv konzipiert, daß diese Mängel dem Durchschnittszuschauer kaum auffallen dürften.

Im Grunde erinnert die Situation stark an *Das Messer am Ufer:* Während Reeves' Co-Star Patrick Swayze – der mit gebleichtem Haar und dichten Bartstoppeln fast nicht zu erkennen ist – als charismatischer Bodhi die dankbarere Rolle spielt, ist der jüngere Schauspieler Reeves der eigentliche Gewinner des Films, denn *Gefährliche Brandung* unterstreicht sein Potential als Action-Held . . . oder tatsächlich auch als Anti-Held.

Gefährliche Brandung wurde in der extrem kurzen Zeit von siebenundsiebzig Tagen abgedreht, und noch am selben Tag, kaum daß die letzte Szene im Kasten war, flog Reeves völlig erschöpft nach Oregon, wo die Aufnahmen zu *My Private Idaho (My Own Private Idaho)* mit ihm und River Phoenix in den Hauptrollen beginnen sollten. „Ich war fertig. Ich hätt' nicht gedacht, daß ich das durchstehe. Aber der Elan von Gus Van Sant, ein brillanter Regisseur, und River

Ganz oben: FBI-Agent Johnny Utah bei seiner Undercovertätigkeit: Er freundet sich mit Tyler (Lori Petty) an, um über sie an eine Gruppe Bankräuber heranzukommen.

Oben: Utah und sein FBI-Partner (Gary Busey) rätseln über die Indizien.

Wirklichkeit Bodhis Jungs die wahren Täter sind.

Gefährliche Brandung, ursprünglich als *Riders on the Storm* betitelt, war eigentlich auf Matthew Broderick zugeschnitten. Kathryn Bigelow disponierte jedoch um, als sie Keanu Reeves in *Das Messer am Ufer* sah. Ihrer Meinung nach war ihr Film ein Wendepunkt für den inzwischen 25jährigen Schauspieler. „Die Rolle war eine Abkehr von seiner bisherigen Arbeit", sagt sie. „Er konnte sich zum ersten Mal als Action-Held beweisen."

Während wohl die meisten Leute Bige-

▶▶

RIVER PHOENIX   KEANU REEVES

whatever
it takes
to have
a nice day.

my own private **IDAHO**

A FILM BY GUS VAN SANT ⑱

Immer gegen den Strom: Mit der Rolle des bisexuellen Strichers Scott in Gus Van Sants *My Private Idaho* setzte Keanu sein sauberes Image aufs Spiel.

Phoenix, ein brillanter Schauspieler, haben mich wieder aufgerüttelt."

Die zeitgenössische Low-Budget-Produktion *My Private Idaho* erzählt die Geschichte der beiden sehr unterschiedlichen Strichjungen Mike (Phoenix) und Scott (Reeves). Mike, der an Narkolepsie leidet, neigt dazu, in den unpassendsten Momenten in Tiefschlaf zu fallen, und ist von dem Wunsch besessen, seine verlorene Mutter wiederzufinden. Scott dagegen ist der privilegierte Sohn des Bürgermeisters von Portland und geht aus Protest gegen seine reiche Familie auf den Strich. Als die beiden nach Italien reisen, um Mikes Mutter zu

suchen, verliebt sich Scott in Carmella (Chiara Caselli) und beschließt, mit ihr nach Hause zurückzukehren und sein rastloses Leben zu beenden.

My Private Idaho, nach einem Song der B-52s benannt, ist ein experimentelles Roadmovie, das alles andere als erfolgreich war. Obwohl Gus Van Sant den Zuschauern gelegentlich interessante Blickwinkel bietet, wird er durch sein eigenes Drehbuch gehemmt, das sich sehr langsam in Richtung Nirgendwo bewegt. So überrascht es nicht weiter, daß Kritiker den Film verrissen und die Zuschauer wegblieben. Selbst hartnäckige Bewunderer der Story kritisierten, daß der Film auf unverantwortliche Weise das Thema Aids vollkommen ausspare.

Während Phoenix für seine Rolle als Mike viel Anerkennung erhielt, waren die Kritiken für Reeves gemischt. *Variety* zum Beispiel fand, daß der Film Keanus „sehr beschränktes Repertoire als Schauspieler" erkennen ließe, und daß die „Anforderungen der Rolle außerhalb seiner Möglichkeiten" lägen. Der Schauspieler selbst gab zu, daß er von seiner Leistung enttäuscht sei, und daß er sicher besser gespielt hätte, wenn er sich nicht von den Dreharbeiten zu *Gefährliche Brandung* hätte erholen müssen.

Wenn seine Rolle als romantischer Verehrer in *Julia und ihre Liebhaber* und die des Action-Helden in *Gefährliche Brandung* den größten positiven Einfluß auf Reeves' Karriere hatten, dann war *My Private Idaho* sicherlich das größte Risiko, das er bis dato eingegangen war. Keanu war vorher gewarnt worden, daß die Rolle eines bisexuellen Strichers sein sauberes, intaktes Image schädigen könnte, doch Reeves verwarf diese Vorbehalte sehr rasch. „Meinem Image schaden? Wer bin ich denn? Ein Politiker? Nein, ich bin Schauspieler."

Wie auch immer – Reeves' Präsenz in einem solchen Film war Anlaß genug für wilde Spekulationen über sein eigenes Liebesleben. Auf die Frage, ob er schwul sei, gab der Schauspieler einem Reporter von *Sky* eine zweideutige Antwort: „Nein . . .

Der Wendepunkt

aber man weiß ja nie." Später erläutert er seine Aussage: „Es ist nichts verkehrt daran, wenn man schwul ist, es zu leugnen, würde also bedeuten, es zu verurteilen. Warum einen Akt draus machen? Wenn jemand mich nicht engagieren will, weil er denkt, ich sei schwul, tja, dann muß ich wohl damit zurechtkommen."

Reeves' standhafte Weigerung, Einblick in sein Privatleben zu gewähren, hat dazu geführt, daß ihm Affären mit Frauen *und* Männern nachgesagt wurden (und werden). Laut Klatschpresse gehören zu seinen Ex-Freundinnen Lori Petty, Paula Abdul, Sofia Coppola und eine rätselhafte Lady, die als „Autumn" bekannt ist. Reeves selbst jedoch betont immer wieder, seine Karriere würde ihn so in Anspruch nehmen, daß er nicht genug Zeit habe, eine „ernsthafte" Beziehung einzugehen. „Die einzige Frau, die ich regelmäßig treffe, ist meine Schwester Kim. Wenn ich eine Begleitung brauche, ist sie immer da."

Obwohl er wiederholt verkündet hat, er würde gerne heiraten und drei Kinder bekommen, wurde 1992 in einer Reihe von Berichten behauptet, er sei bereits „verheiratet" – und zwar mit dem Medienmogul David Geffen, der angeblich Reeves' Karriere lenke. Anschließend hieß es, der Produzent habe bei einem ausgedehnten Shopping-Trip in Beverly Hills für Keanu Klamotten im Wert von achttausend Dollar gekauft (gemessen am üblichen Outfit des Schauspielers ist das entweder eine glatte Lüge, oder die Kleider sind irgendwo tief in seinem Schrank verborgen). Reeves hat all diese Behauptungen entschieden zurückgewiesen und in einem Interview für *Empire* konstatiert: „Das ist ziemlicher Unsinn. Das ist absoluter Schwachsinn, Mann", während Geffen in *Time* verlauten ließ: „Wie ich höre, soll ich mit Keanu Reeves verheiratet sein. Wir sind uns noch nie begegnet."

1995 mußte Keanu sich gegen das Gerücht wehren, er sei mit einem Tänzer aus dem *Winnipeg Ballet* zusammen. „Ich begreife nicht, warum ich Ziel so ch gehäs-

In *My Private Idaho* verliebt sich Scott (Reeves) auf einer Reise durch Italien in Carmella und beschließt, mit ihr ein neues Leben zu beginnen.

Reeves im „Clinch" mit River Phoenix, seinem Filmpartner aus *My Private Idaho,* der 1993 an einem Drogencocktail starb.

Der Wendepunkt

Ganz oben und Mitte: Bei ihrer verrückten Reise in die Zukunft treffen Bill und Ted auf die „Evil Us's".

Unten: Keanu Reeves und Alex Winter begutachten mit Regisseur Hewitt ihre Arbeit.

Rechte Seite: Keanu als Actionheld: In *Gefährliche Brandung* zeigt er sich risikofreudig.

siger Gerüchte bin", sagte er. „Wenn ich nur daran denke, könnte ich explodieren." Man kann es jedoch auch ins Positive kehren: Wenn es wahr ist, daß die einzige schlechte Publicity keine Publicity ist, dann hätte es nicht besser laufen können.

Als die Dreharbeiten zu *My Private Idaho* abgeschlossen waren, flog Reeves zu den Santa Clarita Studios in Los Angeles, um in *Bill und Teds verrückte Reise in die Zukunft (Bill and Ted's Bogus Journey)* wieder in die Rolle des Ted „Theodore" Logan zu schlüpfen. Bereits einige Jahre zuvor hatte er eingewilligt, die Fortsetzung zu dem ersten Teenie-Abenteuer zu drehen, doch – wie so oft – war das am Fehlen des „richtigen Scripts" gescheitert. Erst beim dritten Anlauf gab es für das Buch von Chris Matheson und Ed Soloman, das ursprünglich *Bill and Ted Go To Hell* hieß, grünes Licht, und man begann die Dreharbeiten am 7. Januar 1991.

Der Erzschuft De Nomolos (Joss Ackland) schickt aus dem 27. Jahrhundert ein paar Killer-Cyborgs in die Vergangenheit, um Bill und Ted zu beseitigen, bevor die *Wyld Stallyns* den San Dimas-Talentwettbewerb gewinnen können, wodurch sich das gesamte Universum verändern würde. Nach ihrer Ermordung durch die Killerroboter werden die beiden potentiellen Helden in die Hölle verbannt. Dort muß Ted ständig Liegestütze machen und Bill sich den Liebesbezeugungen seiner 88jährigen Großmutter erwehren. Mit der Hilfe von Melvin, dem Gevatter Tod, gelangen die beiden in den Himmel, gewinnen Gottes Unterstützung im Kampf gegen die bösen Roboter aus der Zukunft und kehren schließlich nach San Dimas zurück, um die „Evil Us's" zu schlagen.

Obwohl der Fortsetzung viel von dem Charme, der Energie und dem Esprit der ersten *verrückten Reise* fehlt, kann er mit einigen schreiend komischen Momenten und überraschenden Einfällen aufwarten. Reeves und Winter sind in den ihnen ver-

trauten Rollen eine wahre Wonne, doch William Sadler stiehlt ihnen als Sensenmann die Show. Allein der Anblick von Bill und Ted, wie sie mit „Seiner Königlichen Tödlichkeit" Cluedo oder Schiffeversenken spielen, ist den Eintrittspreis wert.

Kurzfristig war Reeves an der kurzlebigen, aber erstaunlich unterhaltsamen Zeichentrick-Serie *Bill und Teds irre Abenteuer* beteiligt, in der die beiden Zeitreisenden jede Woche ihr Unwesen treiben durften. Doch sowohl Reeves als auch Winter lehnten es ab, in der sogar noch kurzlebigeren Realserie zu spielen, so daß Evan Richards und Christopher Kennedy dafür verpflichtet wurden. Was Reeves betraf, so waren seine Tage als Provinzdepp vorbei.

Neben den großen Projekten für das breite Publikum wirkte Reeves auch in zwei Studentenfilmen mit: *Madison Avenue Clown* und *Contenders – Rivalen des Glücks* (von denen keiner groß bekannt wurde). Außerdem trat er im Videoclip zu Paula Abduls Song *Rush, Rush* auf und wirkte in einem weiteren von Tom Petty mit, nachdem der Popstar ihm zur Hilfe gekommen war, als sein Bike in der Wüste wieder einmal den Geist aufgegeben hatte.

Keanus Begegnungen mit Popstars trugen sicherlich dazu bei, daß er sich entschloß, eine eigene Musikkarriere in Angriff zu nehmen. Schon vor längerer Zeit hatte er sich selbst Baßgitarre beigebracht und gründete nun gemeinsam mit dem Schauspielerkollegen und Eishockeyspieler Robert Mailhouse die vierköpfige Band Dogstar. Reeves spielte Baß, Mailhouse Schlagzeug, Bret Domrose Gitarre und Gregg Miller lieh der Formation seine Stimme.

Ursprünglich bezeichnet als „Nirvana gemixt mit Sex Pistols", wurde Dogstar bald darauf „poppiger" und entfernte sich vom „Folk Punk" in Richtung „Folk Pop". Reeves lakonischer Kommentar zu Dogstar lautet: „Es macht Spaß, wir sind nicht schlecht, und es gibt Freibier."

GROSSE ERWARTUNGEN

6

Große Erwartungen

Keanu Reeves sucht stets nach neuen Herausforderungen. Dafür nimmt er auch schon mal einen Mißerfolg in Kauf.

In den Jahren 1991 und 1992 hatte Keanu Reeves bewiesen, daß er nicht nur als Actionheld, sondern auch in romantischen Rollen glänzen konnte. Seiner Vorliebe für herausfordernde Rollen in ehrgeizigen Projekten tat das keinen Abbruch. Manchmal zahlte sich das Risiko aus, manchmal erlitt der Schauspieler damit Schiffbruch.

Reeves wollte unbedingt eine Rolle in *Bram Stoker's Dracula* bekommen – allein schon deswegen, weil der legendäre Francis Ford Coppola (unvergessen ist seine *Paten*-Trilogie) Regie führte.

Das aufwendige Gothic Movie, das anfangs *Dracula: The Untold Story* heißen sollte, orientiert sich so eng wie möglich an Bram Stokers Klassiker aus dem Jahr 1897, da der Regisseur fand, daß der Originalstoff noch nie korrekt verfilmt worden war. Die Geschichte beginnt im 15. Jahrhundert, als Vlad, der Pfähler (Gary Oldman), siegreich von seinem Feldzug gegen die Türken zurückkehrt, nur um festzustellen, daß seine Verlobte Elisabeta (Winona Ryder) aufgrund einer Falschmeldung glaubte, er sei tot, und Selbstmord begangen hat. Von Zorn und Kummer verzehrt, schwört Vlad Gott ab und wird so zu Dracula, einem über magische Kräfte verfügenden Untertan des Teufels.

Vier Jahrhunderte später erfährt Dracula, daß Elisabeta in der Gestalt von Mina (ebenfalls gespielt von Ryder) wiedergeboren worden ist, und reist nach London, um ihre Liebe zu gewinnen. Reeves spielt Jonathan Harker, Minas unglücklichen Verlobten, der im Schloß des Grafen festgehalten und von drei weiblichen Vampiren bedrängt wird.

Bram Stoker's Dracula bietet beeindruckende Bilder, ist aber im großen und ganzen zu überladen. Während Oldman,

Ryder und Anthony Hopkins (der den Vampirjäger Van Helsing mimt) eine ausgezeichnete Leistung erbringen, ist Reeves eine absolute Fehlbesetzung in einer unausgegorenen Rolle.

„Ich war wirklich schlecht", gab Reeves später zu. „Ich war ziemlich saft- und kraftlos. Meine Kollegen – Anthony Hopkins, Gary Oldman, Wynona Ryder – spielten dagegen wunderbar dramatisch. Ich war nachher richtig neidisch."

Die Kritiker auf der ganzen Welt machten sich über Reeves' Darstellung lustig, doch der Schauspieler ging recht souverän damit um. Er versuchte nicht, sich herauszureden, und konnte schließlich sogar den witzigen Aspekt der Negativpresse erkennen. So erzählte er zum Beispiel in *MTVs Movie Show* von einem Bettler in Los Angeles, der ihn ansprach. „Der Bursche bat mich um einen Dollar und sagte: ‚He, du hast doch in *Dracula* mitgespielt. Mann, mich kümmert's nicht, was die anderen sagen. Du warst gut!'"

Leicht angeschlagen, aber keinesfalls unten durch, spielte Reeves als nächstes in *Viel Lärm um nichts (Much Ado About Nothing),* einer prächtigen und ausgesprochen leicht verdaulichen Shakespeare-Adaption des britischen Regisseurs und Schauspielers Kenneth Branagh *(Mary Shelley's Frankenstein, Henry V).* In der Rolle des intriganten Don John bringt er den armen Fürsten Claudio (Robert Sean Leonard) dazu zu glauben, seine Verlobte Hero (Kate Beckinsale) gehe fremd, während Benedict (Kenneth Branagh) und Beatrice (Emma Thompson) sich vergeblich bemühen, ihre Liebe zueinander zu verbergen, indem sie sich die ganze Zeit über in den Haaren liegen.

Viel Lärm um nichts wurde im Sommer 1992 in der Toskana gedreht, und Reeves

Ganz oben: In *Bram Stoker's Dracula* wird Jonathan Harker (Reeves) im Schloß des legendären Grafen (Gary Oldman) festgehalten.

Oben: Die drei weiblichen Vampire sind über ihren „Gast" entzückt.

Linke Seite: Die – zu diesem Zeitpunkt noch! – glücklich Verlobten Jonathan und Mina (Winona Ryder) in *Bram Stoker's Dracula.*

Ganz oben: Die beeindruckende Besetzung von Kenneth Branaghs hochgelobter Shakespeare-Adaption *Viel Lärm um nichts.*

Oben: Als intriganter Don John macht der Schauspieler eine teuflisch gute Figur.

Rechte Seite: Keanu Reeves mit Super-Koteletten in *Even Cowgirls Get the Blues.*

teilte sich in dieser Zeit mit seinen Kollegen Leonard und Beckinsale eine 300 Jahre alte dreistöckige Villa. „Sie legten für mich unten in der Küche Zeitungen aus, für den Fall, daß ich ein Chaos veranstaltete", sagte er in *Sky.* „Es war toll."

Obwohl der Schauspieler für seine Darstellung in *Viel Lärm um nichts* gemischte bis schlechte Resonanz erhielt (meistens wurde ihm der Vorwurf gemacht, er nähme alles viel zu ernst und wirke daher, als würde er sich in seiner Rolle unbehaglich fühlen), gab es auf jeden Fall weit weniger Prügel als für *Dracula* (aber schließlich *konnte* es ja nur besser werden!). Zudem bekam Reeves die Gelegenheit, reiten zu lernen – eine Sache, die er als Hobby beibehielt.

Nach seinem Arbeitsurlaub in der Toskana nahm Keanu eine kleine Rolle in *Even Cowgirls Get the Blues* an, dem ersten Film, den Gus Van Sant nach *My Private Idaho* drehte. Die Story, die auf dem 1976 erschienenen Kultroman von Tom Robbins basiert, handelt von dem ehemaligen Model Sissy Hankshaw (Uma Thurman), die per Anhalter quer durch Amerika reist. Unterwegs lernt sie Julian Gitche (Reeves), einen asthmatischen Künstler aus New York, kennen und schließt sich Bonanza Jellybean (Rain Phoenix, die Schwester des verstorbenen River) und ihren toughen Cowgirls an.

Even Cowgirls get the Blues fiel bei Kritikern und Kinobesuchern gleichermaßen durch, so daß Gus Van Sant gezwungen war, den Film drastisch umzuschneiden,

bevor er in den internationalen Verleih ging. Doch selbst in der modifizierten, vermeintlich besseren Version war der Streifen ein absolutes Desaster, der weder auf dramatischem noch auf komödiantischem Niveau überzeugen konnte.

Die Rolle des Julian verlangt von Reeves zum Glück nur, daß er sich kurz mit scheußlich kariertem Jackett, breiter Krawatte und Gangster-Koteletten vor der Kamera zeigt, einen Asthmaanfall bekommt und dahinscheidet, um sich einmal mehr (siehe *Gefährliche Liebschaften*) Uma Thurman entgehen zu lassen. Keanu war sich bewußt, daß auch die für Europa veränderte Version scheitern mußte und stellte wiederholt fest: „Mein Part ist glücklicherweise zusammengeschnitten worden."

Einen ähnlich knappen Beitrag leistete Keanu Reeves in *Hideous Mutant Freekz* für seinen Freund und ehemaligen *Verrückte Reise*-Kollegen Alex Winter (Bill S. Preston Esquire höchstpersönlich). Gemeinsam mit seinem Geschäftspartner Tom Stern schrieb Winter das Buch und führte Regie. Außerdem spielte er – kaum überraschend – die Hauptrolle: Rick Coogin ist ein arroganter Hollywoodstar, der sich dazu hergegeben hat, nach Santa Flan zu reisen, um einen bioenergetischen Dünger namens Zygrot-24 zu promoten, bei dem es sich in Wirklichkeit um einen chemischen Giftstoff handelt. Auf dem Weg nach Santa Flan werden Rick und sein Reisebegleiter Ernie (Michael Stoyanov) dazu überredet, in einem Kuriositätenkabinett aufzutreten, in dem sie von ihrem eigenen Produkt in die *Hideous Mutant Freekz* – wie der Titel bereits ankündigt – verwandelt werden.

Wie der ehemalige *A-Team*-Star Mr. T, der die bärtige Lady mimt, und Brooke Shields, die sich selbst spielt, hat Reeves nur einen kurzen Gastauftritt, und zwar als Ortiz, der Hundejunge. Bis zur Unkenntlichkeit verkleidet, muß Reeves nicht viel mehr tun, als zu demonstrieren, daß er sich mit dem Fuß hinterm Ohr kratzen kann.

So kindisch und unattraktiv wie *Hideous Mutant Freekz* war, verwundert es nicht, daß der Film auch rasch wieder aus den US-Kinos herausgenommen und in Europa 1995 unter dem neuen Titel *Freaked* lediglich als Video vertrieben wurde.

►►

Große Erwartungen

Bernardo Bertoluccis 40-Millionen-Dollar-Projekt, das Himalaja-Epos *Little Buddha,* verschaffte Keanu Reeves dann seine bis dato überraschendste und anspruchsvollste Rolle. Die Rahmenhandlung des Films beginnt in der Gegenwart und erzählt die Geschichte von Dean und Lisa Conrad (Chris Isaak und Bridget Fonda), deren kleiner Sohn Jesse (Alex Wiesndanger) die Reinkarnation des hochverehrten tibetanischen Lamas sein soll. In Rückblenden erfährt der Zuschauer die Legende des Prinzen Siddhartha (Reeves), der vor gut 2500 Jahren dem Luxusleben den Rücken kehrte, um auf seiner Suche nach Erleuchtung schließlich Buddha zu werden.

Little Buddha war zunächst nichts als eine fünfzig Seiten lange Story von Bertolucci, die von Rudy Wurlitzer und Mark Pepleo zu einem Drehbuch ausgearbeitet wurde. Bertolucci, der seit seinem einundzwanzigsten Lebensjahr Buddhist ist, betrachtete *Little Buddha* nach *Der letzte Kaiser (The Last Emperor)* und *Der Himmel über der Wüste (The Sheltering Sky)* als letzten Teil einer Film-Trilogie gegen den „unkontrollierten Konsumrausch". 1991 reiste er mit Produzent Jeremy Thomas nach Wien, um dort den Dalai Lama zu treffen, der dem Projekt seinen Segen gab.

Bertolucci wußte von Anfang an, daß die Besetzung des Prinzen Siddhartha für sein Großprojekt entscheidend sein würde. Er hatte schon monatelang asiatische Schauspieler vorsprechen lassen, bevor er auf den Gedanken kam, mit dem teils chinesischen, teils hawaiianischen, teils europäischen Mimen Keanu Reeves über die Rolle zu sprechen.

„Sobald wir uns trafen, war ich von seiner unglaublichen Offenheit fasziniert", erzählt Bertolucci. „Ich weiß nicht, ob sein Innenleben kompliziert ist oder nicht, aber sein Gesicht, seine Augen und seine Bewegungen vermittelten die perfekte Unschuld. Stellen Sie sich einen 29jährigen Menschen vor, der nie sein Zuhause verlassen hat, der die Bedeutung solcher Worte wie ‚damals', ‚Krankheit' oder ‚Tod' nicht kennt. Siddhartha hatte in einem solchen Ausmaße unschuldig zu sein, und Keanu überzeugte mich, daß er diese Gestalt verkörpern konnte."

▶▶

In *Little Buddha* spielt Keanu Prinz Siddhartha, den Begründer des Buddhismus. Für Regisseur Bertolucci war er die ideale Besetzung für diese Rolle.

Für Reeves waren die Dreharbeiten zu *Little Buddha* eine einmalige und unvergeßliche Erfahrung, die ihn auf eine „spirituelle Reise" führte. Von seinem Berater Dzongsar Khyentse Rinpoche ließ sich Reeves in die Kunst der Meditation und in buddhistische Schriften einführen. Obwohl der Produzent ursprünglich ein Body-

Double für Siddharthas asketische Phase vorgesehen hatte, bestand Reeves darauf, den Prinzen auch in diesen Szenen darzustellen, begann eine strenge Diät und verlor mehr als 25 Pfund.

Mehrfach hat Keanu Reeves betont, daß er durch *Little Buddha* zwar vom Buddhismus „beeinflußt, aber nicht zu ihm

Sky. „Das ist ein Kristall, den man befeuchtet, um sich damit unter den Achseln oder im Schritt einzureiben, und schon riecht man nicht mehr!"

Sowohl Reeves als auch Bertolucci hofften, daß sie mit *Little Buddha* ein gewaltiges Publikum erreichen würden, und waren maßlos enttäuscht, als die Kinofans auf der ganzen Welt ihn größtenteils ignorierten. Das Problem des Films liegt vorwiegend darin, daß die Handlung auf zwei Ebenen verläuft: So wird die faszinierende Geschichte der Gründung des Buddhismus mit der faden und bedeutungslosen Erzählung über eine moderne amerikanische Familie verwoben. Zudem fehlt es dem Film an Dramatik, und es gelingt Bertolucci nicht, den quälenden Konflikt Siddharthas, der sich zwischen Familie und Erleuchtung entscheiden muß, überzeugend auf die Leinwand zu bringen.

Mit seiner dunkelbraunen Haut und seiner Lockenperücke gibt Keanu zumindest äußerlich eine hervorragende Version des vergeistigten Siddhartha ab und behauptet sich in der schwierigen Rolle recht gut. Allerdings läßt sein indischer Akzent in einigen Szenen zu wünschen übrig und weckt ausgesprochen unangenehme Erinnerungen an *Bram Stoker's Dracula.* Wie dem auch sei – auch wenn *Little Buddha* sehr viele Schwächen aufweist, die Besetzung mit Keanu ist mit Sicherheit keine davon.

Nach den Dreharbeiten zu *Little Buddha* legte der Schauspieler eine Pause ein und widmete sich verstärkt seiner Band Dogstar. Trotz der zahlreichen guten Leistungen, die er vorzuweisen hatte, war er noch immer nicht soweit, daß er die Rollen verlangen konnte, die er wirklich spielen wollte, sondern blieb Spielball von Produzenten und Regisseuren. Als er sich zum Beispiel für die Hauptrolle in der Low-Budget-Baseballkomödie *The Scout* bewarb wurde er von dem relativ unbekannten Brendan Fraser ausgebootet. Die Produzenten suchten einen Schauspieler, der größer als ein Meter achtzig war, und Reeves verpaßte die Rolle buchstäblich um wenige Zentimeter.

Derart zurückgewiesen, tröstete der Schauspieler sich mit der Hauptrolle in einem Actionfilm namens *Speed.*

bekehrt" worden ist. Anders als viele seiner Freunde hörte er nach Beendigung des Films auf zu meditieren und beschäftigte sich nicht weiter mit esoterischen oder mystischen Dingen.

„Das Mystischste, was ich besitze, ist ein Deokristall", erzählte er der Illustrierten

Große Erwartungen

Siddhartha verläßt Familie und Zuhause, um Erleuchtung zu finden. Für Keanu war die Begegnung mit dem Buddhismus interessant, aber bekehren ließ er sich nicht.

▶▶

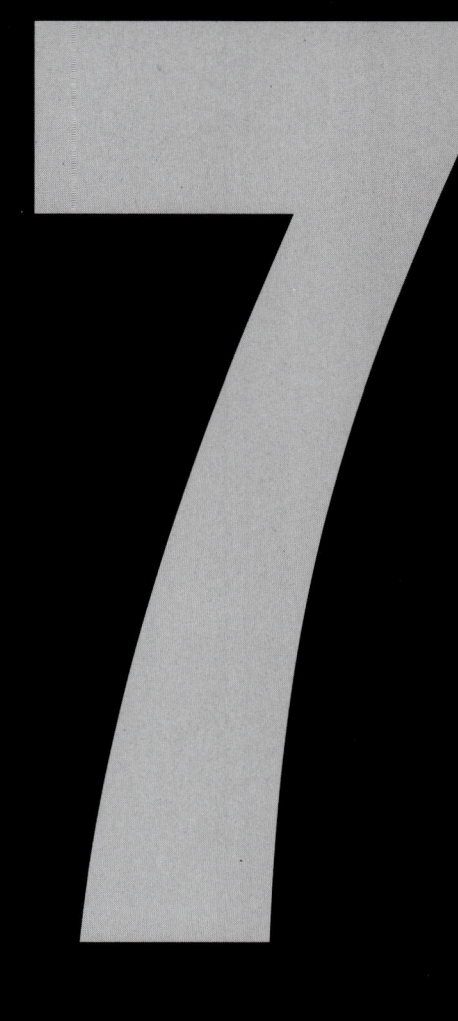

RASANTER AUFSTIEG

7

Speed verwandelte Keanu in *den* Actionhelden und katapultierte ihn endgültig in die Hollywood-Elite.

Speed, ein von Fox produzierter Actionfilm im Stil von *Stirb langsam (Die Hard),* war die erste Regiearbeit von Jan de Bont, der bereits als Kameramann in Filmen wie *Die Jagd auf Roter Oktober (The Hunt For Red October), Zwei stahlharte Profis 3 (Lethal Weapon 3)* und, eben auch, *Stirb langsam* mitgearbeitet hatte. De Bont war entschlossen, mit vielen der genre-üblichen Konventionen zu brechen, und hielt es für absolut notwendig, die Hauptrolle mit einem neuen Gesicht zu besetzen, statt auf

die altbekannten Helden wie Mel Gibson, Arnold Schwarzenegger, Bruce Willis oder Sylvester Stallone zurückzugreifen.

Keanu war de Bont schon in *Gefährliche Brandung* aufgefallen, und er schickte dem Schauspieler das Drehbuch zu *Speed,* um dessen Meinung dazu zu hören. Als die zwei sich dann zum ersten Mal trafen, wurde sehr schnell klar, daß sie dieselben Vorstellungen darüber hatten, was aus dem Film zu machen war und was nicht.

Keanu Reeves konnte sich zwar für die

▶▶

"wunderbar dämliche Ausgangssituation" der Geschichte begeistern, war aber der Meinung, daß verschiedene Elemente aus dem Drehbuch "einfach nicht machbar waren". Er verwies zu Recht darauf, daß Bruce Willis' zynisch-witziger Supercop in *Stirb langsam* deswegen Scherze machen konnte, weil die Situation, die der Action vorausgeht, sehr ernst behandelt wurde. In *Speed* jedoch war die Grundvoraussetzung derart verrückt, daß Traven tödlich ernst sein mußte, um dem ganzen Film Glaubwürdigkeit zu verleihen. Außerdem gefiel es Reeves nicht, daß sich am Ende Travens Partner Harry als irrer Bombenleger herausstellen sollte. De Bont gab Keanu recht und engagierte den Drehbuchautor Ross Whedon, um die Schwächen aus dem Script zu tilgen und einen teuflischen Bösewicht zu erschaffen.

Er war wild entschlossen, *Speed* so glaubwürdig wie möglich zu machen. "Die meisten Actionfilme sind so voller Phantastereien, daß man kaum mit der Handlung zurechtkommen kann", sagte er. "*Speed* handelt von den ganz normalen Leuten, die auf ihrer täglichen Fahrt zur Arbeit hilflos miterleben müssen, wie ihr übelster Alptraum wahr wird."

Obwohl de Bont überzeugt war, daß Reeves die perfekte Besetzung für den Film darstellte, gaben die Macher bei Fox zu bedenken, daß Keanu noch nie in einem wirklichen Kinohit mitgespielt hatte und sein Name nicht genug Zugkraft besaß. Sie legten dem holländischen Regisseur daher nahe, Keanu Reeves wenigstens eine berühmte (und extrem kassenträchtige) Hauptdarstellerin zur Seite zu stellen. Als de Bont sich für Sandra Bullock entschied, die sich bis dato nur in *Demolition Man* neben Sylvester Stallone profilieren konnte, verlangte das Studio eine andere Schauspielerin. Doch de Bont weigerte sich und behauptete beharrlich, daß Reeves und Bullock das perfekte Filmpaar wären, zumal ihre Typen dem Zeitgeist entsprächen. Mit den anderen Schauspielern hatte de Bont weniger Mühe – Fox hatte nichts dagegen, daß er den Leinwand-Veteranen Jeff Daniels und den legendären Dennis Hopper für die Nebenrollen engagierte.

In der Eröffnungsszene von *Speed* müssen L. A.-Cop Jack Traven und sein treuer Partner Harry (Daniels) eine Gruppe unschuldiger Geiseln retten, die von dem irren Bombenleger, Howard Payne (Hopper), festgehalten werden. Als es Traven tatsächlich gelingt, den Plan des Wahnsinnigen zunichte zu machen, schwört dieser bittere Rache. Kurz darauf teilt er dem furchtlosen Cop mit, daß er eine Bombe in einem Linienbus versteckt hat. Der Clou: Fährt der Bus langsamer als 50 Meilen pro Stunde, geht die Bombe hoch. Traven schafft es, auf den Bus aufzuspringen, setzt die kesse Annie (Sandra Bullock) hinter das Steuer und versucht, die Passagiere aus der mißlichen Lage zu befreien.

Reeves bereitete sich auf die Rolle sehr intensiv vor. Zwei Monate lang stemmte er Gewichte, um seine Muskeln zu trainieren, nahm Turn- und Akrobatikstunden und probte mit dem Stunt-Coordinator Gary Hymos. Die Polizeiaktionen besprach er mit dem technischen Berater des Films, Randy Walker, der selbst einundzwanzig Jahre lang Officer im L. A. Police Department war und auch schon bei *Gefährliche Brandung* mitgemischt hatte.

Zwei Wochen vor Drehbeginn schickte de Bont den Schauspieler zum Friseur, der ihm die Haare auf Millimeterlänge stutzte – der Regisseur fand, dies würde Reeves eher das Aussehen eines "jungen Erwachsenen" verleihen. Während Reeves sich in seinem neuen Look gefiel, tobten die Herren von Fox; einige schlugen vor, Reeves sollte eine Perücke tragen, andere wollten den Drehbeginn verschieben, bis die Haare des Schauspielers wieder nachgewachsen waren. Erneut sträubte sich de Bont, und Keanu begann mit den Dreharbeiten, ohne sich eine künstliche Haarpracht anpassen zu lassen.

Speed wurde in fünfzehn Wochen abgedreht, allein sieben davon waren für die Bus-Sequenzen. Für den Unglücksbus standen in Wirklichkeit zwölf identische Fahrzeuge zur Verfügung, von denen jedes zu einem anderen Zweck eingesetzt wurde. Der am häufigsten benutzte Bus zum Beispiel, den die Crew "Papstmobil" getauft hatte, besaß vorne eine gesicherte Plexiglasplattform, auf der sich Kameras,

► ►

Rasanter Aufstieg

Ganz oben: Jack Travens Partner aus *Speed* (Jeff Daniels) in der Gewalt des psychopathischen Bombenlegers (Dennis Hopper).

Mitte: Cop Jack Traven im Einsatz.

Oben: Regisseur Jan de Bont erklärt Keanu die nächste Szene.

In einem verzweifelten Versuch, die Bombe zu entschärfen, schiebt sich Traven unter den rasenden Bus.

Sandra Bullock: „Keanu hat den Superhelden neu definiert!"

Techniker und das Soundequipment befanden. Ein Stuntman lenkte den Bus vom Dach aus. Sandra Bullock mußte also nur so tun, als ob sie fahren würde, obwohl sie behauptete, daß dies „schwerer ist, als es sich anhört".

Wie schon bei *Gefährliche Brandung*, ließ Keanu sich auch bei *Speed* so wenig wie möglich doublen: Neunzig Prozent der Stunts führte er selbst aus, unter anderem auch die unvergeßliche Szene, in der Traven von einem rasenden Jaguar auf den rasenden Bus springt.

„In *Speed* wollte ich wirklich die Anspannung vermitteln, dem Publikum zeigen, wieviel Anstrengung und körperliche Kraft es kostet, sich unter einen fahrenden Bus zu hangeln", erklärte er im *Premiere*-Magazin. „Ich wollte sie dazu bringen, diese wirklich dämlichen Grimassen zu schneiden, wenn man denkt ‚Das ist doch Wahnsinn'."

Als eine einzige atemberaubende Verfolgungsjagd garantiert *Speed* einen permanenten Adrenalinschub und bietet einen wunderbaren Rahmen für Reeves' charismatische Ausstrahlung. Innerhalb von Minuten fegt der Schauspieler jede übriggebliebene Erinnerung an den Teeniedeppen beiseite und wird den Erwartungen, die er in *Gefährliche Brandung* weckte, mehr als gerecht. Hopper, Bullock und Daniels sind in den Nebenrollen großartig, während Jan de Bont als Regisseur eine wahre Entdeckung ist. *Speed* zählt wahrhaftig zu den Meisterwerken des Actionfilms.

Trotz der gewaltigen Konkurrenz von Filmen wie *Forrest Gump, True Lies* und *Der König der Löwen* war *Speed* an den Kinokassen ein Megaerfolg, der weltweit mehr als 300 Millionen Dollar einspielte. Keanu Reeves wurde plötzlich als Superstar gehandelt und unterzeichnete einen lukrativen Folgevertrag mit Fox. Seine Gage schoß von einer Million auf absolut großzügige sieben Millionen pro Film in die Höhe, wodurch er mit Stars wie Clint Eastwood, Michelle Pfeiffer, Dustin Hoffman, Richard

Gere, Sharon Stone oder Val Kilmer gleichzog. Auf einmal sah man in Reeves den „Actionhelden der nächsten Generation" und bot ihm eine Reihe von Rollen an, für die eigentlich Kollegen wie Arnold Schwarzenegger, Bruce Willis, Wesley Snipes, Steven Seagal oder Jean-Claude Van Damme vorgesehen waren. Das britische Action-Magazin *Impact* wählte Reeves zu ihrem Helden Nummer 1, während viele Sandra Bullocks Ansicht, daß „Keanu den Superhelden neu definiert" habe, teilten. Wie auch immer – Keanu Reeves dachte gar nicht daran, sich zukünftig nur noch solchen Projekten zu widmen: „Ich habe nicht den Ehrgeiz, ein Action-Held zu werden und noch weitere Filme dieser Art zu machen." Bei einer anderen Gelegenheit verkündete er: „Ich ziehe Shakespeare dem Action-Zeug vor."

Inzwischen wühlte die Presse in Keanus Privatleben nach headline-geeigneten Leckerbissen. Bald berichteten Zeitschriften, daß Keanus Vater, Samuel Nowlin Reeves, in Hawaii eine zehnjährige Gefängnisstrafe wegen Dealerei abzusitzen hatte, und lancierten die Falschmeldung, auch Keanu selbst habe wegen diverser Verkehrsdelikte im Gefängnis gesessen.

Trotz des Medienrummels um seine Person ließ Reeves nicht zu, daß der Erfolg von *Speed* sein Leben veränderte. Fast, als wollte er es beweisen, kam er im Oktober 1994 in Großbritannien mit einem blauen Auge an, das er sich während eines Eishockeymatches eingefangen hatte. Außerdem spottete er über die Meldungen, daß sein Bürstenhaarschnitt so trendy geworden sei, daß Tausende von jungen Männern im ganzen Land (zu denen übrigens auch Tennis-Crack André Agassi und Ex-Take That-Mitglied Robbie Williams gehörten) zu ihrem Friseur gingen und „einen Keanu" verlangten. „Das ist lächerlich", kommentierte der Schauspieler, als er darauf angesprochen wurde.

Mag sein, aber nichtsdestoweniger wahr.

Oben: Traven und Annie (Sandra Bullock) sind unversehrt aus dem Bus entkommen. Doch der Ärger geht weiter.

Rechte Seite: Traven evakuiert die entsetzten Fahrgäste in *Speed*.

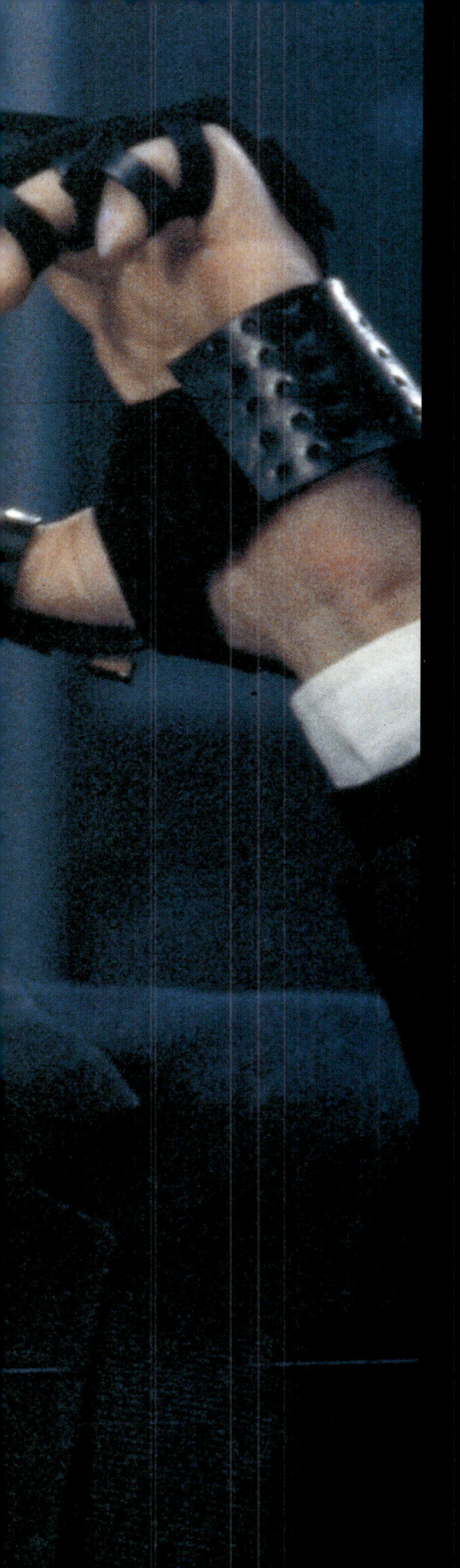

DEM RUHM
SO NAH

Keanu als Johnny Mnemonic,
dem wandelnden Daten-
speicher, im Sci-Fi-Abenteuer
Vernetzt.

Nach dem Erfolg von *Speed* wurde Keanu Reeves mit Rollenangeboten für Millionen-Projekte überschüttet. Doch anstatt sich auf seinen Lorbeeren auszuruhen oder in aller Ruhe die lukrativsten Angebote herauszupicken, hielt sich Reeves lieber an seinen ursprünglichen Terminplan. Er machte sich auf den Weg nach Winnipeg, Kanada, zum *Manitoba Theatre Centre*, um dort in einer Bühnenproduktion Shakespeares *Hamlet* darzustellen, was ihm eine winzige Gage und jede Menge Spott der Kritiker einbrachte.

Für Reeves dagegen war es offensichtlich, warum es ihn reizte, die Titelrolle in der Low-Budget-Aufführung zu übernehmen. „Ich liebe das Stück, ich liebe es, Shakespeare zu spielen, es ist der beste Stoff, den das westliche Theater zu bieten hat, und ich hatte endlich ein Ensemble gefunden, das mich die Rolle spielen ließ", sagte er in *Empire.* Zudem traf er durch die Aufführung wieder mit seinem Mentor aus der Theaterschule, Lewis Baumander, zusammen, der ihn gut zwölf Jahre zuvor für den

Dem Ruhm so nah

Keanu zu seiner Rolle in *Vernetzt:* „Dieser Film war für mich eine intensive körperliche Erfahrung!"

So waren z. B. alle 22 000 Karten für die dreiwöchige Spielzeit schon durch Vorbestellung vergriffen, bevor der Vorverkauf offiziell begonnen hatte. Die lokale Presse richtete sogar eine „Keanu-Hotline" ein, in der über seine Aktivitäten außerhalb des Theaters berichtet wurde.

Im Januar 1995 gab Reeves sein Debüt als Hamlet und erntete gemischte Kritik. Laut dem *Ottawa Citizen* lieferte Reeves eine interessante, doch nicht gänzlich überzeugende Leistung ab, da ihm „schlichtweg die Ausrüstung fehlt, um eine solche Rolle spielen zu können". Theaterkritiker Roger Lewis in der *Sunday Times* dagegen fand ihn „hinreißend . . . Er ist einer der drei besten Hamletdarsteller, die ich bisher gesehen habe. Aus einem einfachen Grund: Er *ist* Hamlet!"

Im nächsten Monat war Reeves mit *Vernetzt (Johnny Mnemonic)* wieder auf der Leinwand zu sehen. Der Film, der eineinhalb Monate nach Drehschluß zu *Speed* begann, basiert auf der Kurzgeschichte des vielbeachteten Science-fiction-Autors William Gibson, der die Story auch für das Drehbuch bearbeitete. So entstand ein schrilles Sci-Fi-Abenteuer unter der Regie von Robert Longo, einem Künstler, der in dieser Sparte bisher nur Videoclips für R.E.M. und Megadeth vorzuweisen hatte.

Ursprünglich hatten sich Longo und Gibson für die Hauptrolle Val Kilmer, Christian Slater oder Johnny Deep vorgestellt. Doch als Keanu von dem Projekt hörte, traf er sich mit den beiden und bekam kurz darauf die Rolle des Johnny Mnemonic angeboten.

Oben: Nur noch 24 Stunden Galgenfrist: Johnny engagiert Jane (Dina Meyer) als seinen Bodyguard.

Mercutio in *Romeo und Julia* eingesetzt hatte.

Angeblich setzte sich Reeves über den Rat seines Managements, die Rolle nicht zu übernehmen, hinweg, versuchte aber, sich möglichst zurückhaltend zu benehmen. Er gab weder Interviews noch nahm er an Fotosessions teil – sein erstes und einziges Anliegen war, gut zu spielen.

Doch all seinen Bemühungen zum Trotz konnte Keanu Reeves nicht ignorieren, daß er inzwischen zum Weltstar geworden war.

▶▶

Dem Ruhm so nah

„Statt sich die Technologie nur anzusehen, steckt man plötzlich mitten drin."

Oben: In letzter Sekunde wendet sich Johnny hilfesuchend an J-Bone (Ice-T), den Anführer der Lo Teks.

Rechte Seite: Johnny kurz vor dem Eintritt in den Cyberspace.

Was die Besetzung betraf, ähnelte die Situation sehr den Vorbereitungen zu *Speed* – der Produzent von *Johnny Mnemonic* wollte Dina Meyer als weibliche Hauptrolle nicht akzeptieren. Bis zu diesem Zeitpunkt hatte die gebürtige New Yorkerin nur ein paar Gastauftritte in *Beverly Hills, 90210* vorzuweisen. „Meine Agentin rief das Studio an, aber sie wollten für die Rolle einen zugkräftigen Namen", erzählt Meyer. „Sie sprach mit dem Produzenten, der nur fragte: ‚Dina wer?'" Dennoch gelang es der Schauspielerin, zum Casting eingeladen zu werden und den Produzenten zu überzeugen, daß sie die Richtige war.

Dina Meyer arbeitete gerne mit Reeves, fand ihn jedoch sehr introvertiert. „Er ist ein charmanter Junge, sehr nett und freundlich", sagte sie in einem Interview für *Science Fiction Universe*. „Ein lieber Kerl, in

dem so viel vorgeht, daß es wirklich schwer ist, es aus ihm rauszubekommen."

In *Johnny Mnemonic* spielt Keanu einen wandelnden Informationsspeicher, der sich seine Brötchen verdient, indem er fremde Daten in sein chipgeladenes Hirn speist und als High-Tech-Datenkurier arbeitet. Als Johnny seine Speicherkapazität überschreitet, um Top-Secret-Informationen für Pharmakon zu transportieren, hat er nur noch 24 Stunden Zeit, die verschlüsselten Daten aus seinem Kopf abzuliefern.

Leider wollen einige mächtige Organisationen ebenfalls an die Daten, die in Johnnys Gehirn eingespeist sind, und so wird der Kurier bald sowohl von Mitgliedern der berüchtigten Yakuza als auch von dem sogenannten „Straßenprediger" (Dolph Lundgren) verfolgt, einem schier unbesiegbaren Kopfgeldjäger, der mit Bibelzitaten um sich wirft. Zum Glück bekommt Johnny Hilfe in Gestalt von Jane (Dina Meyer), einem Software-unterstützten Bodyguard, der ihn zum „Himmel" führt – dem Refugium der Lo Teks, einer Gruppe Anarchisten, die von J-Bone (Ice-T) angeführt werden.

Johnny Mnenomic wurde in zwölf Wochen in Montreal und Toronto in Kanada gedreht und ist ein visuelles Erlebnis. „Der Film ist sehr graphisch, meiner Arbeit (als Künstler) sehr ähnlich", erklärt Longo.

Unglücklicherweise können die atemberaubenden Bilder nicht darüber hinwegtäuschen, daß das Drehbuch ausgesprochen schwach ist. Verspricht der Film anfangs, eine High-Tech-Version von *Auf der Flucht* und *D. O. A. – Bei Ankunft Mord* zu sein, so geht der Eindruck schnell verloren, da jegliches Moment von Spannung schon früh im Keim erstickt wird. Während die Handlung sich träge voranbewegt, wird zunehmend deutlich, daß der Inhalt eben nur auf einer 22-Seiten-Story basiert, die man so lange gestreckt hat, bis sie vollkommen uninteressant geworden ist. Ganz schlimm wird es in der zweiten Hälfte des Films, als Johnny seinen Retter trifft: Jones – ein gepanzerter, technisch aufgepeppter Delphin, der an eine gedopte Kriegsmaschine erinnert.

Reeves spielt den Charakter des Johnny, der sich, so könnte man sagen, vorsätzlich charakterlos gibt, überzeugend und bringt den mentalen Breakdown des Kuriers wunderbar auf die Leinwand. Wie in *Speed* bestand Keanu darauf, die meisten Stunts selbst zu machen.

Die Sequenzen, in denen Johnny eine virtuelle Realität betritt, stellten für Reeves mimisches Talent eine besondere Herausforderung dar. „Man kriegt eine andere Perspektive", erklärte der Schauspieler. „Statt sich die Technologie anzusehen, steckt man plötzlich mittendrin."

Doch trotz Reeves' Begeisterung für den Film konnte er mit *Johnny Mnemonic* seinen Erfolg von *Speed* nicht wiederholen. Der Streifen fand nicht nur wenig Anklang bei den Kritikern (die ihn als „Johnny Moronic" – Schwachsinn – verspotteten), sondern floppte auch an den Kinokassen vollkommen.

Dem Trip in die Zukunft folgte ein Film, der den Schauspieler ins Jahr 1945 zurückversetzte: *Dem Himmel so nah (A Walk in the Clouds),* ein Remake des italienischen Streifens *Die Lüge eines Sommers,* war schon seit 1987 in der Entwicklung, aber erst nach dem Erfolg von *Speed* trieb Fox die Produktion an. Unter der Regie von Alfonso Arau, dessen Film *Bittersüße Schokolade* einer der wenigen ausländischen Filme ist, die in den USA echte Kassenhits waren, wurde am 27. Juli 1994 in Napa Valley, Kalifornien, mit den Dreharbeiten begonnen – mehr als ein Jahr, bevor der Film tatsächlich in den Kinos erschien.

Laut Arau ist *Dem Himmel so nah* ein romantisches Märchen. „Das Wichtigste in diesem Film ist die Liebe", erklärt er. „Mir

gefiel die Geschichte dieser Familie, ihre traditionellen Werte, ihre Erdverbundenheit, und auch die Zeit, 1945, in der die Handlung spielt."

Nachdem Keanu kurz hintereinander *Speed* und *Johnny Mnenomic* gedreht hatte, zwei Filme, in denen er sich buchstäblich ständig durch die Gegend hatte scheuchen lassen, fand er, daß es Zeit für einen Tempowechsel war und freute sich auf die neue Rolle. „Für mich war *Dem Himmel so nah* so anziehend, weil ich gerne eine Romanze spielen wollte, mal etwas, das sich mehr mit dem Herzen und Empfindungen beschäftigt", sagt er. „Mir ging es genau wie Alfonso darum, Gefühle zu wecken."

In *Dem Himmel so nah* spielt Reeves Paul Sutton, einen jungen, idealistischen GI, der aus dem Zweiten Weltkrieg zurückkehrt, um ein neues Leben als Schokoladenvertreter zu beginnen. Als er Victoria Aragon (Aitana Sanchez-Gijon), die schwangere, aber unverheiratete Tochter eines stolzen Weinbauern kennenlernt, läßt er sich dazu überreden, vorübergehend ihren Ehemann zu mimen, um ihrer Familie die Schande zu ersparen. Es kommt, wie es kommen muß: Die beiden verlieben sich ineinander.

Dem Himmel so nah ist eine schöne, altmodische Liebesgeschichte, die trotz ihrer Vorhersehbarkeit einen angenehmen Zeitvertreib darstellt und auch an den Kinokassen einen recht anständigen Profit machte. Reeves und Sanchez-Gijon bezaubern in ihren relativ anspruchslosen Rollen, während Anthony Quinn als Patriarch Don Pedro eine echte Wonne ist.

Die größte Herausforderung für Keanu bestand bei diesem Film jedoch nicht darin, seinem Paul Sutton Glaubwürdigkeit zu verleihen, sondern eine Liebesszene mit Co-Star Debra Messing zu drehen. Am Abend, bevor diese Szene gedreht werden sollte, hatte Reeves Eishockey gespielt und versehentlich einen Schläger ins Gesicht gerammt bekommen. Er mußte noch am gleichen Abend im Gesicht und im Mundraum genäht werden. „Es war so traurig", sagte Messing. „Wir mußten uns viel küssen . . . Und er sagte immer nur ‚Bitte tu mir nicht weh'!"

Während der Dreharbeiten kursierten Gerüchte, daß die Produzenten dem Schauspieler verordnet hatten, sich Kevin-Costner-Filme anzusehen, um seine Kußtechnik zu verbessern – Gerüchte, die von der Klatschpresse und einigen Teenie-Magazinen natürlich begierig aufgenommen wurden. Teilweise wurde auch behauptet, Reeves hätte auch zwischen den Aufnahmen Kampfstiefel und einen Militärrock getragen.

Mit oder ohne Uniform – Keanu Reeves blieb auch 1995 einer der beliebtesten Schauspieler der Welt. Das US-Kinomagazin *Premiere* stellte ihn auf Platz 18 ihrer prestigeträchtigen Liste der wichtigsten Schauspieler Hollywoods – vor solchen Stars wie Jack Nicholson, Sharon Stone, Wynona Ryder, Eddie Murphy und Action-Rivalen wie Bruce Willis oder Steven Seagal. *Empire* wählten ihn zur Nummer 8 der „sexiest male stars" aller Zeiten, womit er andere Herzensbrecher wie Mel Gibson, Tom Cruise, Steve McQueen, Cary Grant, Brad Pitt, Clark Gable und Hugh Grant locker ausgestochen hat. Das Magazin beschrieb ihn als „anbetungswürdig" und behauptete, daß er besser aussähe als der britische Komiker Vic Reeves! Ein wahrlich großes Lob!

Dem Ruhm so nah

Oben: **Keanu Reeves und Aitana Sanchez-Gijon bekommen von Regisseur Alfonso Arau Anweisungen für *Dem Himmel so nah*.**

Oben links: **Stargäste Keanu und Aitana bei einer Vorführung des Films.**

Unten: **Reeves als Paul Sutton, ein junger, idealistischer GI.**

Linke Seite: **Victoria (Sanchez-Gijon) kann Pauls Charme nicht widerstehen.**

▶▶

IMMER
EINEN SCHRITT
VORAUS

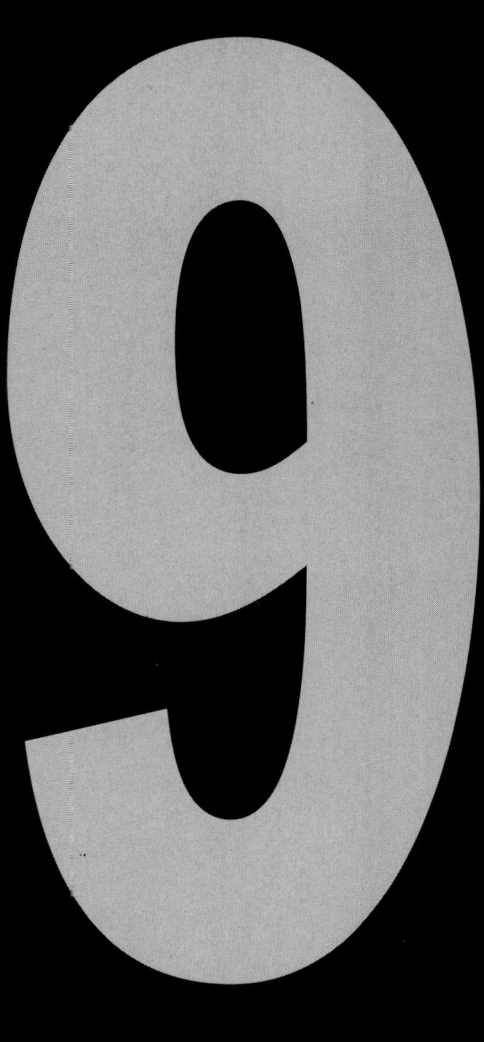

9

Mit Geschick und etwas Glück ist es Keanu Reeves gelungen, in keine Schublade gesteckt zu werden.

Im Laufe seiner Karriere stand Keanu Reeves immer wieder kurz davor, auf eine bestimmte Rolle festgelegt zu werden. Sein brennender Wunsch, ein möglichst breites Spektrum an unterschiedlichen Charakteren darzustellen, gepaart mit einigen ausgesprochen günstigen Schicksalswendungen und der andauernden Bereitschaft der Zuschauer, ihm Fehler zu verzeihen, haben es ihm möglich gemacht, der Hollywoodmaschinerie stets eine Nasenlänge voraus zu sein.

Den Sommer 1995 verbrachte Reeves mit dem Versuch, sein Image noch einmal umzukrempeln. Er drehte *Feeling Minneso-*

ta, eine schwarze Low-Budget-Komödie, in der er einen unverbesserlichen Herumtreiber spielt, der sich in die Frau seines Bruders (gespielt von Cameron Diaz) verliebt. Seine Kollegen in diesem Film, der ganz entschieden nicht zum Mainstream gerechnet werden darf, sind Vincent d'Onofrio, Dan Akroyd und Courtney Love.

Direkt nach den Dreharbeiten ging der Schauspieler mit Dogstar auf Tour: Die Band trat in 24 amerikanischen Städten auf, verbrachte acht Tage in Japan und spielte im Vorprogramm für Bon Jovi in Australien und Neuseeland. Mehrere Plattenfirmen boten Dogstar Verträge an, einige versuch-

▶▶

ten Keanu zu überreden, den Frontman herauszukehren, doch der Schauspieler lehnte ab. Für ihn bedeutet die Arbeit mit Dogstar nur Spaß und eine willkommene Flucht vor dem Medienrummel. „Die Band dreht sich nicht um mich", hat er stets betont.

Aber ob es ihm nun gefällt oder nicht – Keanu ist ganz eindeutig das Zugpferd der Band. Wo auch immer Dogstar auftraten, standen seine Fans Schlange, um ihr Idol zu sehen. Keanu ist es auch zu verdanken, daß Dogstar als erste Band ohne Vertrag das *New York Irving Plaza* füllte. Die Kritiken waren nicht überschwenglich und lassen sich treffend mit dem Satz eines Rezensenten aus dem *House of Blues-Magazin* zusammenfassen: „Die Gruppe ist nicht schlecht. Sie ist durchschnittlich."

Reeves moderierte zusammen mit anderen eine amerikanische TV-Dokumentation mit dem Titel *Children Remember the Holocaust,* bevor er die langerwartete Rückkehr zum Action-Genre antrat: *Dead Drop* von Regisseur Andrew Davis, der auch schon mit Steven Seagal in *Alarmstufe: Rot (Under Siege)* und Harrison Ford in *Auf der Flucht (The Fugitive)* arbeitete, handelt von einem Experten für High-Tech-Waffen, der Reißaus nimmt, als er entdeckt, welche Pläne die Regierung mit seiner neuesten Erfindung hat.

Noch bevor die erste Version des Drehbuchs fertiggestellt war, prophezeite man Keanu schon, daß *Dead Drop* sein größter Hit nach *Speed* sein würde. Reeves kümmerten solche Spekulationen allerdings wenig. „Ich bin kein Typ, der sich von Einspielergebnissen anturnen läßt", verriet er in *Just 17.* „Was mich wirklich interessiert, ist das alltägliche Leben und mein Dasein als Teil dieser Welt. Ich habe die Absicht, in diesem unkonventionellen Rahmen so normal wie möglich zu sein."

Mag sein, daß Reeves sich nicht für Einspielergebnisse interessiert – die Studioleute tun es ganz gewiß. Fox brennt darauf, eine Fortsetzung zu *Speed* zu drehen, und der Schauspieler hat eingewilligt, vorausgesetzt, das „Drehbuch stimmt". „Wir müs-

sen die Story neu erfinden", meint Keanu. „Es darf nicht noch einmal dasselbe sein."

Auch ein dritter *Bill-und-Ted*-Film scheint im Bereich des Möglichen zu liegen. Er sei nicht abgeneigt, eines Tages erneut in die Rolle des Ted „Theodore Logan" zu schlüpfen, so Reeves. „Vielleicht sollten wir warten, bis wir dreiundvierzig sind", scherzte er. „Dann könnten wir *Bill und Teds Midlifecrisis* drehen."

Auf den bisherigen Verlauf seiner Karriere angesprochen, weist Reeves immer wieder gerne darauf hin, daß er es bisher geschafft hat, sich mehr oder weniger vom Mainstream fernzuhalten. Er habe „für sich festgelegt, sich auf nichts festzulegen". Seiner Meinung nach ist die Verkörperung von Unschuld die einzige Konstante in seiner Karriere, er sei förmlich das männliche Gegenstück zum weiblichen Blaustrumpf geworden. „Der rote Faden meiner Karriere ist die Unschuld", sagte er in einem Interview für *Premiere,* „und er zieht sich durch die unterschiedlichen Genres."

Obwohl Reeves nie die allgemeine Anerkennung gewonnen hat, nach der er sich so verzweifelt sehnt, wächst mit jedem Film oder mit jedem Bühnenauftritt seine Fangemeinde auf der ganzen Welt. Sandra Elizabeth Kibbey vom britischen „Keanu Fan Network" faßt seine Anziehungskraft mit folgenden Worten zusammen: „Es läßt sich alles auf Eigenschaften reduzieren, die man schwer definieren kann – Charisma, Sex-Appeal und Starqualitäten."

Noch immer versucht Keanu in seiner Freizeit ein „recht langweiliges Leben abseits von grellen Lichtern und Partys" zu führen. Immer wieder hat er gesagt, daß er nicht „mega-berühmt" sein möchte. „Ich habe Angst vor dem Image eines ‚Stars'", sagt er. „Ich liebe meine Arbeit, aber Ruhm macht mich unsicher . . . Die Aussicht, daß es schlimmer werden könnte, verursacht mir echte Panik."

Und tatsächlich scheint Reeves nicht viel davon zu halten, im grellen Licht der Öffentlichkeit zu stehen: Im Dezember 1995 wurde er auf dem Flughafen von Los Angeles gefilmt, als er eine Durchsuchung durch den Zoll über sich ergehen lassen mußte. Offenbar hatte der Schauspieler auf seinen VIP-Status verzichtet und sich den Beam-

Immer einen Schritt voraus

Oben: Neben der Schauspielerei geht Keanu auch immer noch mit Dogstar auf Tour. Hier bei einem Auftritt in Trade Winds, New Jersey.

Keanus größter Wunsch ist es, sein Schauspiel zu perfektionieren, und er scherzt, solange er noch die Prämien für seine Motorradversicherung abzahlen müsse, würde er weitermachen.

ten trotz dieser Unannehmlichkeit nicht zu erkennen gegeben.

Viele Leute sind der Meinung, daß Reeves' Abneigung, als Star bezeichnet oder behandelt zu werden, und sein charmant-altmodisches Bestreben, sein Privatleben als privat zu betrachten, seine Beliebtheit nur noch steigern. Wie sagte Sandra Bullock einmal so schön: „Alles an ihm ist irgendwie geheimnisvoll – das macht seine Anziehungskraft aus."

Auf seine Zukunft angesprochen, antwortet Reeves, er möchte nur weiterspielen und eine möglichst große Bandbreite an Rollen und Charakteren abdecken. „Ich möchte noch ganz viele verschiedene Dinge ausprobieren", meinte er in der Illustrierten *Interview*. „Das ist die Herausforderung, die Prüfung, der schreckliche Teil und auch der interessante Aspekt an der Schauspielerei."

Während es durchaus sein könnte, daß Keanu Reeves sich eines Tages dem Schreiben von Gedichten oder Theaterstücken widmet, hat er bisher nicht die Absicht, sich für irgendwelche politischen oder moralischen Kampagnen einspannen zu lassen. „Wissen Sie, ich mache Filme in Hollywood", erklärt Reeves in *Interview*. „Die Sachen, die ich mache, sind ziemlich persönlich."

Keanu Reeves hat seit seinen Werbeauftritten für Coca-Cola und Kellogg's Cornflakes viel erreicht. Der Erfolg, den er in den letzten Jahren gehabt hat, kommt ihm selbst ein wenig rätselhaft vor, und er betont oft, daß nicht nur seine eigene Leistung, sondern vor allem auch eine gehörige Portion Glück der Grund dafür ist.

„Wissen Sie, was ein netter Gedanke ist?" überlegte er einmal. „Ruhestand. Das ist es, worauf wir uns freuen sollten. Gut hundert Filme im Kasten und Zeit, sich am Strand zu räkeln." Nun, noch sind Sonnenöl und Badetuch nicht gefragt, Keanu.

FILMOGRAPHIE

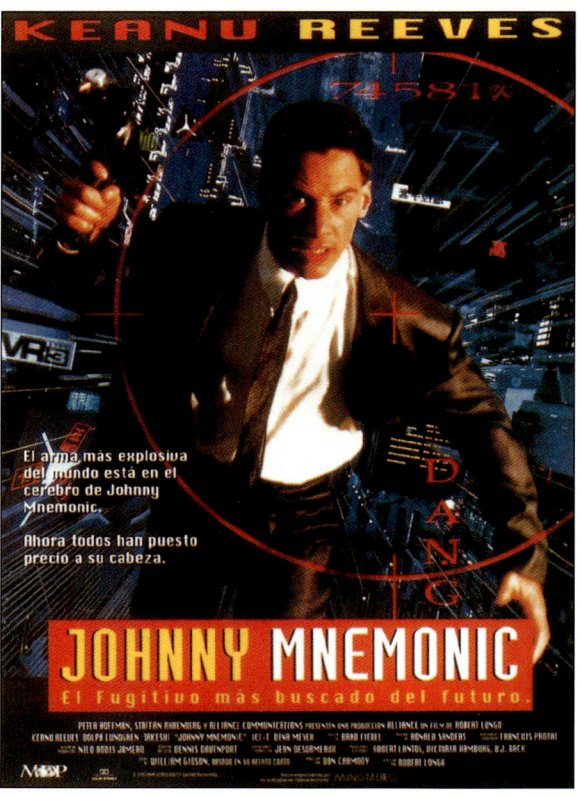

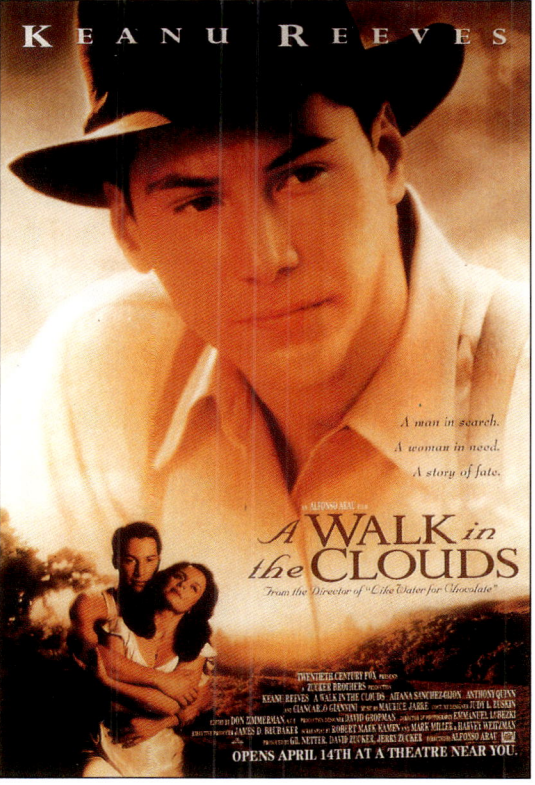

US-Start	Originaltitel	Deutscher Titel
1982	The Prodigal	
1985	Flying/A Dream to Believe	Träume werden wahr
	Youngblood	Bodycheck
1986	The Brotherhood of Justice (TV-Movie)	
	Act of Vengeance (TV-Movie)	Local 323
	Under the Influence (TV-Movie)	
	Young Again (TV-Movie)	Young Again
	Babes in Toyland	Abenteuer im Spielzeugland
	River's Edge	Das Messer am Ufer
1988	The Prince of Pennsylvania	Der Prinz von Pennsylvania
	Permanent Record	The Last Song
	The Night Before	Eine verrückte Reise durch die Nacht
	Dangerous Liaisons	Gefährliche Liebschaften
1989	Bill & Ted's Excellent Adventure	Bill und Teds verrückte Reise durch die Zeit
	Parenthood	Eine Wahnsinnsfamilie
1990	I Love You to Death	Ich liebe dich zu Tode
1990/91	Tune in Tomorrow. . ./ Aunt Julia and the Scriptwriter	Julia und ihre Liebhaber
1991	Point Break	Gefährliche Brandung
	My Own Private Idaho	My Private Idaho
	Bill & Ted's Bogus Journey	Bill und Teds verrückte Reise in die Zukunft
1992	Bram Stoker's Dracula	Bram Stoker's Dracula
1993	Much Ado About Nothing	Viel Lärm um nichts
	Even Cowgirls Get the Blues	Even Cowgirls get the Blues
	Hideous Mutant Freekz/ Freeks	Freaked
1994	Little Buddha	Little Buddha
	Speed	Speed
1995	Johnny Mnemonic	Vernetzt – Johnny Mnemonic
	A Walk in the Clouds	Dem Himmel so nah
	Feeling Minnesota	Feeling Minnesota
	Dead Drop	Dead Drop

Fernsehauftritte

US-Start	Originaltitel	Deutscher Titel
1980	Hangin' In	
1984	Night Heat	
	Letting Go	
1985	The Comedy Factory	
1988	Life Under Water	
	Trying Times	
	Two Lost Souls	
1990	The Tracey Ullman Show	Die Tracey Ullman Show
	Bill and Ted's Excellent Adventure (Zeichentrick)	Bill und Teds irre Abenteuer
	Save the Planet (Doku)	
1995	Children Remember the Holocaust (Doku)	

Bühnenauftritte

Wolfboy, Romeo and Juliet (Romeo und Julia), The Tempest (Der Sturm), Hamlet (Hamlet)

Anderes

Studentenprojekte: Madison Avenue Clown, Contenders (The Contenders – Rivalen des Glücks)
Werbespots für Coca-Cola, Kellogg's Cornflakes, Whiskey (nur in Japan)
Videoclips für Paula Abdul, Tom Petty

Keanu ganz entspannt. Mit River Phoenix und Gus Van Sant (mit Hut) in einer Drehpause am Set von *My Private Idaho*.

Bildnachweis

Umschlag, vorne: **Kobal Collection/Richard Foreman/20th Century Fox Film Company.**
Rückseite, oben: **Rex Features/SIPA Press.**
Rückseite, von links nach rechts: **Pictorial Press, Aquarius, Rex Features.**
All Action S.10 oben, 44 unten, 64, /Jean Cummings S. 68, / Phil Ramey S.16, / Paul Smith S. 5 rechts, 70, 71.
Aquarius Picture Library S. 2/3, 9, 24/25, 27, 30, 33, 35 oben, 39 Mitte, 40, 44 Mitte, 45, 48, 60, 69 oben rechts, alle auf 76 und 77.
Ronald Grant Archive S. 4 Mitte rechts, 4 rechts, 5 links, 20/21, 22/23, 23 oben, 26 rechts 28/29, 31, 32 Mitte, 34, 36/37, 38, 42, 44 oben, 51, 72, /Columbia Pictures S. 49 Mitte.
Kobal Collection // Ciby 2000/ Recored Pic Co/ photograph by Richard Blanshard S. 5 Mitte links und 46/47.
People in Pictures S. 61, 69 oben links, 69 unten.
Pictoral Press S. 19, 32 unten und oben, 41 Mitte, 50 oben, 52/53, 53 oben u. Mitte, 74, 75, /Zuffante/SF S. 80.
Range Pictures Ltd/Everett S.18, 24 Mitte u. oben, 26 links, 35 unten, 39 unten, 41 oben, 43 oben, 50 unten, 53 unten, 65 unten, 66, /Takashi Seida S. 5 rechts Mitte, 62/63.
Retna/ A Rapoport S. 4 links, / 6/7, 8 rechts, /Richard Foreman S. 41 unten, /George Lange/Onyx S. 10 unten, 73 oben, /Steve Granitz S. 4 links Mitte, 12 oben, 14/15, /Dennis Kleiman S. 73 unten, /George Lange S. 11 oben, /Tony Mottram S. 11 unten, /Peter Orth S. 17, /Susan Shacter S. 12 unten, 13, 78/79.
Rex Features S. 39 oben, 43 unten, 49 oben, 57 oben, Mitte u. unten, 58/59, 65 oben, 67, //SIPA S. 5 Mitte, 23 unten, 54/55, /1994 Images S. 56.
Tony Stone Images/Stewart Cohen S. 8 links.